クリトモの大人もおいしい離乳食

89
Recipes
for
Baby
Food
by
KURITOMO

栗原 友

はじめに

Introduction

こんにちは。ママ2年目の栗原友です。

娘が生まれて、6か月目。待ちに待った離乳食スタートの日がやってきました。自分が作った料理を誰かが喜んで食べてくれるのが嬉しくて、料理家になりました。そんな私の料理を、我が子が笑って食べてくれる日が来るなんて……。人生初のひとくちはびっくりして泣かれてしまいましたが、2回目になると、大きな笑顔を見せてくれました。初めて離乳食を作った時のワクワク感、笑顔で食べてくれた時の感動は忘れられません。それからというもの、毎日できる限り手作りで離乳食を与えました。ですが、自分や夫が食べるものと違う、娘のためだけの食事を作るのは正直大変でした。だったら、子供のものを、自分たちも食べられるように楽しんでみようかなと思ったんです。

離乳食って大人が食べると、物足りなかったり味気なかったりしますよね。でも、私の離乳食は「大人が食べてもおいしい」を人事にしました。離乳食に塩分はNGとよく言われますが、ほんの少し、ごくわずかな塩分は、食材の味を際立たせてくれます。また、オリーブオイルは母乳と同じ成分が入っていると言われますし、新鮮なエキストラバージンオリーブオイルを使

用すれば、風味も豊かになって、便秘予防にもなります。これには賛否両論ありますので、ご自身の判断で使ってみてください。

　子供用に作ったものでも、「唐辛子入れよう」とか「ソテーしたお肉を足そう」とか大人用にプラスすることで、十分おいしくいただけます。なにより（自己満足かもしれませんが）、「隣で娘は自分と同じものを食べている」とささやかな幸せを感じることもできるんです。でも、これって大事じゃないですか？　このモチベーションが毎日の離乳食作りに必要なんです！

　私はこのキーワード「大人も美味しい離乳食」にハッシュタグをつけて、娘の離乳食を毎日インスタグラムに投稿しました。この本のレシピはインスタグラムで紹介したものばかりです。

「大人だっておいしいと思える離乳食」。

　お子さんと一緒の食卓を楽しんでいただけたら嬉しいです。

　最後に。忙しいママにとって離乳食作りは大変。計量なんてもっと大変ですよね。この本のレシピには目安になる分量を記してありますが、目分量で大丈夫！

　気軽に離乳食作りを楽んで、あっという間に終わってしまうこの時間を大切にしてくださいね。

Contents 目次

- はじめに … 2
- 素材別インデックス … 80

Chapter 1
お粥

- 鯛の出汁たっぷりのお粥 … 6
- 大根のお粥 … 7
- エゴマ、ピーマン、白身魚のお粥 … 7
- 鶏粥 … 8
- 鶏手羽のお粥 … 9
- ひじき入り鶏粥 … 9
- 枝豆と豆乳のパン粥 … 10
- サラダほうれん草のパン粥 … 11
- アスパラガスと魚のパン粥 … 11
- にんじんとかぼちゃのオートミール粥 … 12
- サラダ春菊のオートミール粥 … 13
- ズッキーニと魚のオートミール粥 … 13
- ピーマン粥 … 14
- 玄米とさつまいものお粥 … 15
- カリフラワーと小松菜のリゾット … 16
- 白身魚のリゾット … 17
- にんじん粥 … 18
- 白身魚とズッキーニのお粥 … 18
- おかひじきの玄米粥 … 18
- ズッキーニのリゾット … 19
- ほうれん草の白味噌粥 … 19
- もやしの味噌汁のオートミール粥 … 19

Chapter 2
ペースト

- 蒸し枝豆のペースト … 22
- 鯛とじゃがいものペースト … 23
- ひよこ豆と魚のフムス風 … 24
- ひじきとわかめのペースト … 25
- 里芋と魚のマヨネーズ和え … 26
- きゅうりとヨーグルトのペースト … 27
- キャベツの芯のトロトロ煮 … 28
- なすと魚の出汁のトロトロ煮 … 29
- 大根とズッキーニのトロトロ煮 … 29
- アボカドとキドニービーンズのペースト … 30
- 魚のクリームチーズペースト … 30
- ひじきときのこのおから … 31
- あずきペースト … 31

Chapter 3
スープ

- 野菜スープ … 34
- チーズリゾット … 35
- 鶏団子 … 35
- ミルクスープ … 36
- トマトシチュー … 37
- ミルクシチュー … 37
- じゃがいもの鯛スープ煮 … 38
- かぼちゃと大根のコンソメ煮 … 38
- ズッキーニのスープ煮 … 38

Chapter 4
煮物

- かぼちゃの煮物 …… 40
- かぼちゃの皮の餡 …… 41
- かぼちゃペースト …… 41
- トマトとにんじんの柔らか煮 …… 42
- 大根と鶏そぼろの餡かけ …… 43
- 大根のスティック煮 …… 44
- カリフラワーのスープ煮 …… 45
- 茹で鶏のほうれん草ソース …… 46

Chapter 5
おかず

- 白和え …… 50
- ほうれん草の白和え …… 51
- アボカドと枝豆の島豆腐和え …… 51
- 春菊の水餃子 …… 52
- マッシュポテト 豆乳仕立て …… 53
- 白身魚のモロヘイヤソース …… 54
- 焼きなす ナンプラー風味 …… 55
- ごま豆腐の海苔餡かけ …… 55
- 白身魚と大根の餡かけ …… 55

Chapter 6
サラダ

- トマトサラダ ライム風味 …… 56
- にんじんときゅうりの
  おからサラダ …… 57
- サバのポテトサラダ …… 58
- 紫芋のサラダ …… 58
- 豆腐サラダ …… 58

Chapter 7
ハンバーグ

- ひき肉と豆腐のハンバーグ …… 62
- れんこんハンバーグ …… 63
- ピーマンの肉詰め …… 64
- 魚と豆腐のハンバーグ …… 64

Chapter 8
卵料理

- 豆腐オムレツ …… 66
- 炒り卵 …… 67
- スペイン風オムレツ …… 68
- 親子丼 …… 69

Chapter 9
うどん&パスタ

- 野菜のパスタ …… 70
- 白菜のトロトロうどん …… 71
- 野菜ソースのペンネ …… 72
- かぼちゃのニョッキ …… 73
- しらすのショートパスタ …… 74
- 魚とほうれん草のうどん …… 74
- ほうれん草うどん …… 74
- かぼちゃうどん …… 75
- 豚汁ひじきうどん …… 75
- 乱切り野菜うどん …… 75

Chapter 10
粉系料理

- バゲットのフレンチトースト …… 76
- 余り物パンケーキ …… 77
- お好み焼き …… 78
- 小倉パンケーキ …… 79
- ほうれん草パンケーキ …… 79

Column
コラム

- おいしい魚の出汁のとり方とコツ …… 20
- 離乳食作りのお助けグッズたち …… 32
- 魚を積極的に離乳食に！
  離乳食用お魚通販モグック！ …… 39
- 愛用調味料のはなし …… 47
- 手抜き？ 裏ワザ？
  市販のものを賢く使おう …… 48
- いい道具でグンとラクになる！
  愛用調理器具 …… 59
- 子供の成長に大切な
  手づかみメニュー …… 60
- 子供と楽しむ、特別な日のメニュー …… 65

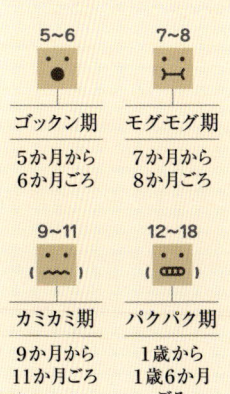

#01

1章／お粥

5〜6 　7〜8　 9〜11　 12〜18

鯛の出汁たっぷりのお粥

娘が初めて口にした離乳食。愛情たっぷりに作りました

娘の最初の離乳食はこのお粥の上澄みでした。鯛とお米の甘みがとっても優しくて大人が食べてもホッとする味です。離乳食スタートの記念に、おいしいお米を生米から煮て、丁寧にお粥を作ってみてはいかがでしょうか。

| 栄養士のひと言 |

じっくり煮込んで米の甘みを引き出しましょう。最初の出汁は昆布や野菜、脂が少ない白身魚がオススメ

作り方

| 材料 |　　　　　　　約3食分

- 魚(鯛)の出汁(P20参照)……500ml
- 米……1/2合
- 水……適量
- 塩……ごくわずか

● 鍋に洗った米と出汁を入れて、中火にかける。沸騰したらアクを取って弱火に落として20分ほど煮る。その後、お好みの水分量とお米の柔らかさになるまで水を足して調整。最後に塩を加えてできあがりです。お好みでミキサーで攪拌してください。私はこのお粥と「きゃらぶき」の組み合わせが好きです。

#02

大根のお粥

歯が生え始めたら
少しずつ
固形物を
食べる練習を

| 栄養士のひと言 |
食物繊維たっぷりの大根はお通じ改善にも役立ちます

作り方

● 娘に歯が生え始めた時、歯茎で食べ物をすり潰す練習に、と大根を入れてみました。シンプルにおかかと醤油で味付け。お粥を作る時に(P6参照)、大根(薄めの輪切り約3枚分)を1cm角くらいに切って、生米(1/2合)と一緒に煮込みます。歯が生えてきたら、お粥は攪拌せず、柔らかくなるまで煮るだけで大丈夫。(3食分目安)

#03

エゴマ、ピーマン、白身魚のお粥

緑の野菜の
青臭さも
白身魚の香りで
おいしく食べる

| 栄養士のひと言 |
「畑の青魚」と呼ばれるエゴマ。大人の健康管理にも◎

作り方

● ビタミン豊富なピーマンとエゴマの葉を使って緑のお粥を作りました。癖のある野菜なので、白身魚を使って優しいお魚風味にしています。細かく刻んだピーマン(1/2個)とちぎったエゴマの葉(1枚)、白身魚(刺身1切分、約10g)、塩ごくわずかをお粥(米1/2合、水500ml)の中に入れて煮込んでからハンドミキサーで攪拌。出汁は魚から出るので、味付けはシンプルに塩だけ。エゴマのミントにも似た独特な苦みが苦手かなーと思ったけど、お茶碗一杯ぺろり。(2食分目安)

1章／お粥

#04

5~6 7~8 9~11 12~18

鶏粥

大人も嬉しい
作って簡単
食べて満足の
鶏料理

茹で鶏を作る時はいつもこの方法。作った時に出た出汁がもったいなくて、娘のお粥を作りました。月齢が進んでいれば、むね肉の皮と脂身を取って手で身を細かく裂いてトッピングとして使います。私は刻んだパクチーとごま油をたらしていただきます。

| 栄養士のひと言 |

優しい旨みの鶏出汁は赤ちゃんも大好き。脂が気になる場合は、一度冷まして固まった脂を取り除いて

作り方

| 材料 |　　　　　　　　　　　　　　約2食分

- 鶏むね肉 ──── 1枚
- 水 ──── 鶏肉がかぶるくらい
- 長ねぎの青い部分 ──── 1本分
- しょうが※ ──── 1スライス
- にんにく※ ──── 1スライス
- 米 ──── 1/3合
- 塩 ──── ごくわずか

※しょうが、にんにく共に、月齢が若ければ薄いスライス1枚目安。
　月齢が進んでいればお酒大さじ1杯を加えると味が深くなります。

● 鶏肉は、火が通りやすくなるよう、細長く4等分にカットしておく。鍋にお湯を沸かし、沸騰したら火を止めて、鶏肉、長ねぎの青い部分、しょうが、にんにくを入れ、蓋をして約20分。沸騰させたお湯に入れて蓋をするだけです。ぐつぐつ煮ないので、やわらかく仕上がります。この時の茹で汁（400ml。足りなければ水を足してOK）と洗った生米を一緒に火にかけて、米がお好みの柔らかさになるまで煮てできあがり。塩をほんの少し加えると、鶏の味が濃くなります。

#05

5~6 7~8 9~11 12~18

鶏手羽のお粥

手羽から
とれる出汁は
味が濃くて
子供も大満足

栄養士のひと言

大人用には、レモン汁を加えて肌の張りをUP!

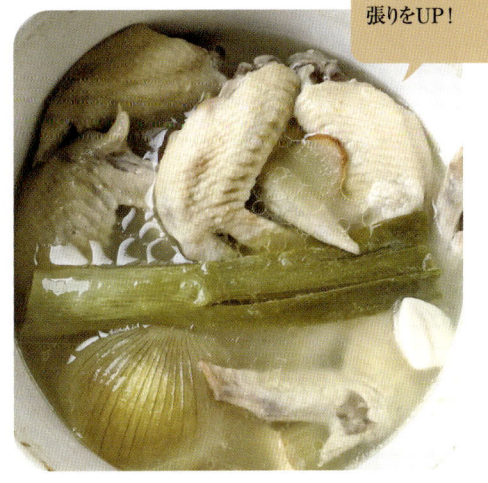

作り方

鍋に、鶏手羽(6本／出汁が出やすいよう、骨の関節を包丁で軽く叩いておきます)、玉ねぎ(1/2個)、長ねぎの青い部分(1本分)、月齢が進んでいればしょうがスライス(1枚)、にんにくスライス適量、お酒(大さじ2杯)に、手羽がかぶるくらいの水を入れて強火に。沸騰したらアクを取って中火に落とし、水分が半分ぐらいになるまで煮込んだら出汁のできあがり。粗熱がとれたら、出汁に生米を入れて、お好みの柔らかさになるまで煮ます。手羽のお肉は骨と軟骨を外してトッピングに。(2食分目安)

#06

5~6 7~8 9~11 12~18

ひじき入り鶏粥

具や味に
変化をつけて
作り置きを
無駄なく使おう

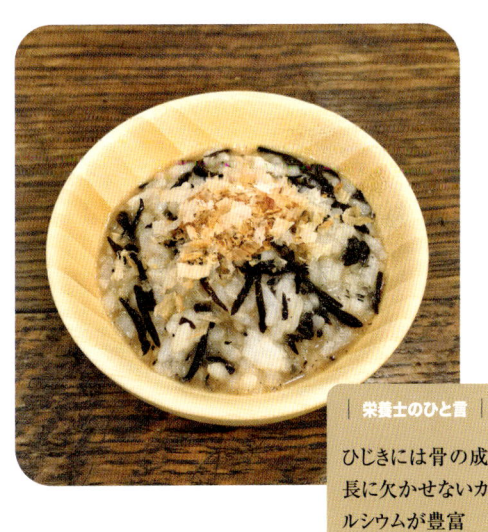

栄養士のひと言

ひじきには骨の成長に欠かせないカルシウムが豊富

作り方

鶏粥(P8参照)のアレンジです。ひじきは何かと便利なのであらかじめ茹でて小分けにし、冷凍しておきます。今回はめんつゆで煮たひじきを鶏粥に混ぜ、おかかをトッピングしました。私はこれにポン酢をたらしていただきます。

#07

1章／お粥

5～6 / 7～8 / 9～11 / 12～18

枝豆と豆乳のパン粥

小麦を食べられるようになったらパン粥も便利

春から秋にかけて、枝豆がスーパーに並びます。晩酌のお供にぴったりなのでよく買うんですよね。枝豆は茹でるより蒸したほうが好み。蒸し枝豆と私の母が焼いてくれたパンでパン粥を作りました。枝豆は冷凍でも売っていますから、一年中手に入ります。

栄養士のひと言
枝豆はビタミン、タンパク質を含む優秀な野菜。ミキサーにかければ、薄皮の食物繊維も無理なくとれます

作り方

材料 約2食分

- 枝豆 ———— 約10房（大さじ2杯くらい）
- 豆乳 ———— 100ml
- お湯 ———— 100ml
- パン ———— 食パン1/2枚分
- きび砂糖（普通の砂糖も可）———— ひとつまみ

● 鍋に豆乳とお湯、ちぎったパン、加熱済みの枝豆を入れて中火で煮る。水分が半分くらいになったら、すりこぎなどで潰すか、ハンドミキサーなどで攪拌し、きび砂糖を加えてお好みの水分量になるまで煮詰めてできあがり。月齢が進んだら、豆乳を牛乳に替えてもおいしくできます。きび砂糖の優しい甘さが好き。栄養補給したい時は、フォローアップミルクを加えて。離乳食初期はバターが入っていないパンがオススメ。

#08

5〜6 7〜8 9〜11 12〜18

サラダほうれん草のパン粥

アクの強い
ほうれん草は
サラダ用を
選んで

| 栄養士のひと言 |
ほうれん草のβ-カロテンは免疫力強化をサポート

作り方

● 苦みの少ないサラダほうれん草をチョイス。みじん切りにしたサラダほうれん草（1株）にちぎった食パン（1/2枚）、全体がかぶる程度のお湯を鍋に入れて中火にかけます。ほうれん草に火が通ったら攪拌。バターがきいているパンを使うとほんのり甘い香りがします。普通のほうれん草を使う場合は、一度お湯で湯がいてから使えば、歯がキシキシしないですよ。豆乳や牛乳で作ってもおいしいです。（2食分目安）

#09

5〜6 7〜8 9〜11 12〜18

アスパラガスと魚のパン粥

残り物を
上手に使って
簡単な一品の
できあがり

| 栄養士のひと言 |
アスパラガスには成長を後押しする成分がたっぷり！

作り方

● 残り物から生まれたこのメニュー。焼き鯛（約1/4切れ）とアスパラガスのグリル（1本）、バゲットスライス（2枚）を細かくして、お湯で煮込んで攪拌すればできあがり。焼き鯛は白身魚の刺身の残りで、アスパラガスは茹でたものでもOK。付け合わせは、刻んだ黄色いミニトマトをオリゴ糖とオリーブオイルで和えたもの。分量なんて気にせず、余った野菜と魚、パンを入れて煮てしまえば立派な離乳食です。（2食分目安）

1章／お粥

#10

にんじんとかぼちゃのオートミール粥

鮮やかなオレンジ色が子供の食欲を刺激します

離乳食ってバリエーションが必要ですよね。離乳食初期にお米のお粥だけじゃつまらないなあと思い、学生の頃オートミールにハマっていたことを思い出して作ってみました。βカロチン豊富なにんじんとかぼちゃに、おからを混ぜてあっさり風味に仕上げています。

栄養士のひと言
おからとオートミールで食物繊維、カルシウム、鉄分がとれます。お通じをさまたげないよう水分は多めに

作り方

材料	約2食分
・にんじん	スライス6枚分
・かぼちゃ	煮物2個分
・おから	大さじ1杯
・オートミール	大さじ4杯
・お湯	具材全体がかぶる2cmくらい上を目安に
・顆粒コンソメ	ひとつまみ

● 鍋に、スライスしたにんじんとかぼちゃ、おから、オートミール、コンソメ、お湯を入れて、にんじんとかぼちゃが柔らかくなるまで煮たら攪拌。おから、かぼちゃ、オートミールは水分をよく吸うので、仕上がりの時は、多少水分が多くても大丈夫。彩りを良くするために、かぼちゃの皮は入れていません。皮の使い方はP41を参考にしてください。オートミールは添加物が含まれているものもありますので、気になる方は確認を。

#11

   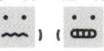

サラダ春菊のオートミール粥

ほんのり
苦みを感じて
新しい味覚を
育てる

栄養士のひと言
青菜は成長に欠かせない葉酸が豊富。貧血予防にも

作り方

● 苦みの少ないサラダ春菊（1、2本分）を刻んで、オートミール（大さじ4杯）と水（200ml）をお好みの柔らかさになるまで煮て、撹拌。仕上げにごくわずかな塩を加えてできあがりです。赤ちゃんって苦みをどう感じるんだろう？と思って春菊を使ってみました。少しずつ味覚を刺激してみましょう。（1〜2食分目安）

#12

ズッキーニと魚のオートミール粥

野菜と
魚は
積極的に
使いたい

栄養士のひと言
オートミールは小麦アレルギーでも食べられます

作り方

● スライスしたズッキーニ（1/4本）とオートミール（大さじ4杯）、白身魚（刺身2切分）をかぶる程度に入れたお湯で煮込んで撹拌。ごくわずかな塩で味付けしました。出汁を使わなくても、ズッキーニとオートミールの甘さ、白身魚の風味でしっかり味わい深いものに仕上がりました。（1〜2食分目安）

#13

1章／お粥

5〜6　7〜8　9〜11　12〜18

ピーマン粥

緑色が
さわやか！
トッピング＋
で大人にも◎

子供が嫌いな野菜の代名詞的存在のピーマンですが、私は子供の頃から好きでした。味覚はそれぞれですが、生だと青臭さが気になりますよね。加熱して甘みを引き出せば、青臭さもいい感じに変わるはずと思い、娘の好きなお粥にしてみました。

| 栄養士のひと言 |

ピーマンに含まれるビタミンCは加熱しても壊れにくいのが特徴。β-カロテンは免疫力向上に役立ちます

作り方

材料	約3食分
・ピーマン	1個
・ご飯	1/2膳
・和風出汁	具がかぶるくらい
・醤油	少々

● 鍋にご飯とピーマンのみじん切り、出汁を入れてご飯がお好みの柔らかさになるまで煮たら攪拌。最後に醤油を少しだけたらしてできあがり。和風でかなり私好み。大人はおかか、ザーサイ、ごま油をたらしてずずずっと。

#14

5〜6 7〜8 9〜11 12〜18

玄米とさつまいものお粥

消化しづらい玄米はじっくり煮込んで栄養満点

娘にとって初めての玄米料理がこのお粥です。我が家では玄米を炊くことが多いので、食べてくれるようになって手間が省けました。それに、玄米はビタミン、ミネラル、食物繊維が豊富といわれているので、気に入ってくれたら嬉しい食材ですね。

栄養士のひと言
玄米はしっかりとすり潰して消化しやすい状態にしましょう。一緒に水分を十分にとることも大切です

作り方

材料	約3食分
・玄米	1/2膳
・ズッキーニ	3cm
・さつまいも	5cm
・水	具材全体がかぶる2cmくらい上を目安に
・顆粒鶏ガラスープ	ひとつまみ
・ニラ	1/2本

● 炊いた玄米をラップに包んで指で潰します。潰した玄米と細切りにしたズッキーニ、皮をむいて小さなサイコロに切ったさつまいもを、たっぷりのお水で弱火にかけ、20分ほど煮ます。そこに鶏ガラスープを入れ、仕上げに細かく刻んだニラを入れてひと煮立ちさせます。このメニュー、玄米だけでなく、実はニラも娘にとって初めての野菜。新しい風味をプラスして、娘の食欲を刺激してみました。万能ねぎもオススメ。

1章／お粥

#15

5~6 7~8 9~11 12~18

カリフラワーと小松菜のリゾット

リゾットだって
離乳食に変身！
大人も大満足の
味付け

作り置きの茹でたカリフラ
ワーと茹でた小松菜を使
ってリゾットを作りました。
ほんの少しのオリーブオ
イルで風味がグンとアップ。
オリーブオイルはちょっとウ
ンチが硬いかなという時に
も与えるようにしています。

| 栄養士のひと言 |

オリーブオイルは
腸にそのまま届き
やすく、お通じをよ
くしてくれます。ほ
んの少し加えると
効果的です

作り方

材料	約2食分
・茹でカリフラワー	小房2個
・茹で小松菜	2本
・白身魚	刺身1切分
・ご飯	1/2膳
・水	具材全体がかぶる 2cmくらい上を目安に
・粉チーズ	ひとつまみ
・塩	ごくわずか
・オリーブオイル	少々

● カリフラワーと小松菜を細かく刻み、魚、ご飯、水を鍋に入れて、水分が減るまで煮ます。ご飯が柔らかくなったら攪拌。粉チーズと塩を加え、最後にオリーブオイルをたらして、できあがり。

#16

5~6 7~8 9~11 12~18

白身魚のリゾット

できれば魚の皮も一緒に使って風味と栄養を

魚の皮には風味と栄養がたっぷり。できるだけ皮付きで調理したいものです。魚の風味をしっかりきかせたリゾットは大人が食べてもおいしいもの。写真はモグックの太刀魚フレークを使いました（モグックについてはP39を参照してください）。

| 栄養士のひと言 |

魚の皮には脂質代謝に不可欠なビタミンB_2がたっぷり。旨みも多いので、細かく潰して加えてみましょう

作り方

| 材料 | 約2食分 |

- 白身魚 ……… 刺身1切分
- ご飯 ……… 1/2膳
- 水（お湯でもOK）……… 具材全体がかぶる2cmくらい上を目安に
- 粉チーズ ……… ひとつまみ
- 塩 ……… ごくわずか
- オリーブオイル ……… 少々

● 鍋に魚、ご飯、水を入れて中火で煮ます。水分が半分以下になったら火を止めて、撹拌。そこに、粉チーズ、塩を入れて混ぜ合わせ、粗熱をとったらできあがり。仕上げにオリーブオイルを少し。写真はパルミジャーノ・レッジャーノを削ってかけました。卵が大丈夫なら、溶き卵を入れてもおいしいですよ。

1章／お粥

#17

5〜6 7〜8 9〜11 12〜18

にんじん粥

にんじん嫌い
だった娘も
喜んで
食べてくれます

作り方

● 炊いたご飯（1/2膳）とにんじん（スライス6枚）を鍋に入れ、全体がかぶるくらいまでお好みの出汁を入れます。にんじんが柔らかくなるまで煮たら、ハンドミキサーで攪拌し、ごくわずかな塩を入れてできあがり。ハンドミキサーがない方は離乳食用の食べ物を潰す器具で。出汁の味がポイント。赤ちゃんだって、旨みを感じていますよ。（2食分目安）

| 栄養士のひと言 |
煮込むことでにんじんからも甘みといい出汁が出ます

#18

5〜6 7〜8 9〜11 12〜18

白身魚と
ズッキーニのお粥

残り物で
作れちゃう。
それがお粥の
いいところ

作り方

● 炊いた玄米（1/2膳／白米でもOK）、スライスしたズッキーニ（6枚）、白身魚（刺身1切分）を鍋に入れ、魚のアラでとった出汁（P20参照。出汁ならなんでもOK）を具がかぶるくらいまで入れて中火でゆっくり煮ます。ズッキーニが柔らかくなり、水分が半分くらいになったらハンドミキサーで攪拌して、ごくわずかな塩を入れてできあがり。写真は甘鯛ですが、真鯛やカマスなど、お好みの白身魚で。夕飯で残った玄米は、前の晩から水につけて柔らかくし、翌朝のお粥にします。（2食分目安）

#19

5〜6 7〜8 9〜11 12〜18

おかひじきの
玄米粥

保存していた
材料をいろいろ
使って、野菜を
積極的に

作り方

● コンソメで煮たさつまいもや茹でて刻んだおかひじきは冷凍保存しておくと、何かと便利。冷凍保存しておいたおかひじき（小さじ1杯）、玄米（1/2膳）と出汁を鍋で煮て攪拌。最後に冷凍保存していたさつまいも（大さじ2杯）を入れて、さつまいもが温まったらできあがり。たまにはこんな手抜きもいいでしょう？（2食分目安）

| 栄養士のひと言 |
ズッキーニは骨の成長に必要なビタミンKが豊富です

| 栄養士のひと言 |
おかひじきはママの美容、貧血対策にも力を発揮！

#20

5~6 7~8 9~11 12~18

ズッキーニのリゾット

離乳食に
イタリアン。
イタリア人も
食べてるよ

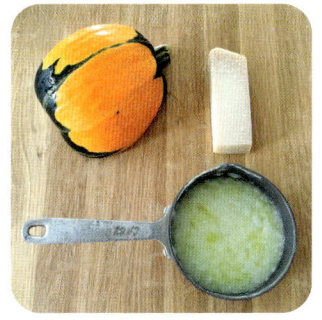

作り方

● 写真の野菜、ズッキーニなんです。普通のズッキーニ(5cm)をみじん切りにして、水とご飯(1/2膳)と一緒に柔らかくなるまで煮ます。火を止めたら、オリーブオイルをほんの少したらして、粉チーズとごくわずかな塩で味を調えてできあがり。大人用にはチキンコンソメやバターを入れて本格リゾットに。(2食分目安)

栄養士のひと言

よく煮ればズッキーニの優しい甘みが引き出されます

#21

5~6 7~8 9~11 12~18

ほうれん草の白味噌粥

甘い白味噌は
子供だって大好き。
出汁を濃いめに
塩分は控えめに

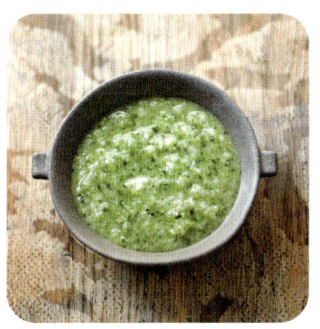

作り方

● 茹でて刻んだほうれん草(大さじ1杯)に、白味噌(小さじ1/2杯)と和風出汁(大さじ3杯)を混ぜてゆるめに攪拌。クリーム状にして、お粥の上にかけました。地味だけど、出汁とおいしい白味噌がアクセントになって、大人っぽい味に。出汁はなんでもOKです。(2食分目安)

栄養士のひと言

味噌は塩分が多いので最初は風味付け程度で楽しんで

#22

5~6 7~8 9~11 12~18

もやしの味噌汁のオートミール粥

もやしは
食べてくれると
便利な食材の
ひとつ

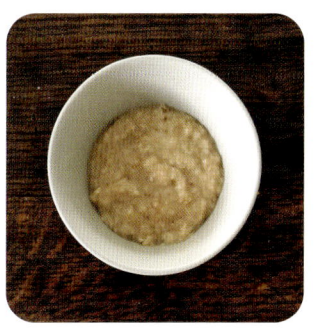

作り方

● もやしのお味噌汁が残っていたので、もやし(大さじ1杯)を徹底的に刻んで、味噌汁を薄め(200ml)、そこにオートミール(大さじ4杯)を投入して加熱。お粥にしちゃいました。驚くほど食いつきが良く、かなりの量を平らげました。もやしを噛み潰す時に小さく聞こえるしゃりしゃり音も楽しそう。(1~2食分目安)

栄養士のひと言

もやしは意外と栄養が豊富。ビタミンも含まれています

Column 1　出汁

おいしい魚の出汁のとり方とコツ

築地勤務で
習得した
クリトモ流
出汁のとり方

離乳食初日、魚屋の夫が用意したのは明石の天然真鯛。大人はお刺身とお吸い物を食べ、娘にはアラで丁寧にとった出汁を薄めて生米からお粥を作った時の上澄みを飲ませました。我が家の場合は、夫が奮発していいお魚を使ったけれど、丁寧な作業をすれば、どんなお魚でもおいしい出汁がとれますよ。

手順 1

アラを細かくカットします。出刃包丁がない場合は買う時に魚屋さんで切ってもらいましょう。小さめのアラでしたら、そのままで使えます。

手順 2

沸かしたお湯の中に入れて、すぐにざるに上げます。

手順 3

流水でアラの表面についたうろこや血を丁寧に洗い流します。この作業をすると、出汁に臭みが出ず、できあがりが全然違います。

手順 4

鍋に洗ったアラ、昆布、たっぷりの水を入れて強火にかけます。

手順 5

沸騰寸前で昆布を取りだします。昆布は沸騰させて煮てしまうと、えぐみが出てしまうと、築地の昆布屋のお母さんから教えてもらいました。

手順 6

中火でコトコト約20分煮たら、ざるにこぼして、出汁を濾します。

きれいな魚の
出汁の
できあがり。

お魚の出汁はお粥だけでなく、
野菜を煮たり、少しだけお酒を入れてうどんの出汁にしたり、
いろんなお料理に使えます。
うちの娘はこの出汁で煮た大根が大好きです。
塩をほんの少し入れると、味がはっきりします。

Column 1

2章／ペースト

#01

5~6　7~8　9~11　12~18

蒸し枝豆のペースト

茹でてもいいし、レンジでもOK。でも、蒸せばもっと美味です

よく蒸し器を使います。蒸し器はお湯を沸かして上に載せるだけで、意外と早く温めたり火を通すことができるんですよ。そのうえ、蒸したほうが素材の味が濃く仕上がります。子供には食べ物の味をわかりやすく伝えたいですから。

> **栄養士のひと言**
> 枝豆は代謝に欠かせないビタミンB_1やタンパク質などの栄養が豊富。蒸すことで旨みも余さずとれます

作り方

材料	約2食分
・枝豆	約10房
・豆乳	大さじ1~2杯
・塩	ごくわずか

● 鍋にお湯を沸騰させたらせいろを上に載せ、洗った枝豆を入れて約10分、柔らかめに蒸し上げる。豆を取りだし、すり鉢で潰して豆乳を少しずつ入れます。加熱は茹ででも蒸しでもお好みで。月齢に合わせた食べやすい柔らかさになるまで練り合わせて、ごくわずかな塩を。すり鉢がなければ、枝豆をビニール袋に入れて、器の底などで潰してもOK。パンのスプレッドにも使えます。

#02

鯛とじゃがいものペースト

魚と相性抜群。じゃがいもを使えば魚嫌いもナシ！

お魚は栄養価も高く、積極的に取り入れたい食材。私と夫は魚屋で知り合いましたので、自分の子供にも魚好きになってほしいと思っています。まずは白身魚をじゃがいもと和えて優しい味付けでスタートしてみてはいかがでしょうか。友人の子供もこのレシピで魚を食べるように！

| 栄養士のひと言 |

じゃがいもは消化がよく、アレルギーが起こりにくいエネルギー源。他の食材とも合わせて楽しみましょう

作り方

| 材料 | 約2食分 |

- じゃがいも ……… 小玉2個
- 鯛の切り身(お好みの魚でOK) ……… 約2切分
- 水 ……… 適量
- 塩 ……… ごくわずか

● じゃがいもの皮をむいて、火が通りやすくなるよう、スライス。小鍋に水とじゃがいも、魚を入れて、じゃがいもが柔らかくなるまで茹でます。茹であがったら軽く水分を切ってボールに移し、スプーンなどで潰します。水分が足りなかったら水を足して、ヘラなどで好みの柔らかさに練る。最後に塩を加えて味を調整。オリーブオイルを数滴たらしてもおいしいですよ。

2章／ペースト

#03

5~6 7~8 9~11 12~18

ひよこ豆と魚のフムス風

本格派フムスに
魚を入れて
離乳食に
アレンジ

フムスはひよこ豆と練りごまを使った中東料理です。肉料理の付け合わせにしたり、パンに塗ったり、私の大好物。ただ、本格的フムスは練りごまたっぷり、オリーブオイルやスパイスも入って離乳食にはちょっとヘビー。そのフムスを離乳食用にアレンジしてみました。

| 栄養士のひと言 |
| 栄養価が高いひよこ豆は、煮ると甘く柔らかくなるのでペーストに最適。食物繊維もたっぷりとれます |

作り方

材料	約2食分
・加熱した白身魚	刺身1切分
・ひよこ豆の水煮	大さじ3杯
・白練りごま	小さじ1杯
・水	大さじ1杯
・オリーブオイル	少々
・塩	ごくわずか
・クミンパウダー	ひとつまみ（なくてもOK）

● すべての材料を合わせてミキサーで撹拌するだけ（もしくは潰す）。ポテトサラダぐらいの柔らかさで大丈夫です。月齢に合わせてすりおろしたにんにくやレモン汁を入れてもおいしいですよ。魚を多めにして、軽い仕上がりにしています。これ、我ながらよくできました。

#04

5~6 7~8 9~11 12~18

ひじきとわかめのペースト

たくさん作って
冷凍保存。
味に変化が欲しい
時に大活躍

真っ黒でナンジャコリャ？という感じですが、海藻ペーストです。離乳食初期って、お粥やうどんをよく作りますが、味に変化をつけづらいですよね。そんな時にこのペーストをひとさじ入れてみてください。あっという間に海の香り！娘の食いつきもハンパなかった。

| 栄養士のひと言 |
海藻は成長に必要なミネラルが豊富。わかめは喉に張り付かないよう、細かく滑らかに仕上げましょう

作り方

| 材料 |

- 茹でひじき ……………… 大さじ2杯
- 茹でわかめ ……………… 大さじ2杯

● 茹でたひじきとわかめをミキサーで撹拌するだけ。どちらの分量が多くても大丈夫。たくさん食べるものではないので、一回作ったら小分けにして冷凍保存してください。茹でたほうれん草と和えても、お茶漬けに入れてもおいしいんです。

2章／ペースト

#05

| 5～6 | 7～8 | 9～11 | 12～18 |

里芋と魚のマヨネーズ和え

トロッとした食感と甘さが子供に大ウケ

里芋とじゃがいものポテトサラダに魚を入れてみました。魚は茹でたものでも焼きでも蒸しでも大丈夫。加熱したお魚をほぐして混ぜ合わせるだけ。里芋のとろみで赤ちゃんも食べやすくなります。娘は焼いたマフィンに塗って食べるのがお気に入り。

栄養士のひと言
成長に不可欠なビタミンB群をたっぷり含む里芋。ママの疲労、貧血対策にも働くので、ぜひ一緒に食べて

作り方

材料　約2食分

- 加熱した白身魚　　　刺身1切分
- 茹でた里芋　　　　　小玉1個
- 茹でたじゃがいも　　小玉1個
- マヨネーズ　　　　　小さじ1/2杯
- 塩　　　　　　　　　ごくわずか
- マフィン　　　　　　1枚

● 里芋とじゃがいもを茹で、熱いうちに加熱した魚と混ぜ合わせて、粗熱をとって潰します。冷めたら、マヨネーズと塩を加えてできあがり。マヨネーズは塩分も油分も多いので量に気をつけて。さっぱりさせたかったらヨーグルトに変えても。

#06

5~6 7~8 9~11 12~18

きゅうりとヨーグルトのペースト

すりおろす
だけで
きゅうりが
おいしく変身！

簡単すぎるくらい！忙しいママのお助けメニューです。私はしばらくこれをハムと一緒に、焼いたパンにのせて食べるのにハマっていました。夏の暑い時にぴったり。食べていて心地いいくらいです。

| 栄養士のひと言 |

きゅうりに含まれる**酵素が脂肪分解**をサポート。少しレモンを加えることでビタミンCもとれます

作り方

| 材料 | 約2食分 |

- きゅうり ………… 1本
- ヨーグルト ……… 大さじ2杯
- レモン汁 ………… 少々
- オリーブオイル … 少々
- 塩 ………………… ごくわずか

● きゅうりをすりおろして、キッチンペーパーで水気を絞ります。絞ったきゅうりとヨーグルト、レモン汁、オリーブオイルと塩を混ぜ合わせてできあがり。

2章／ペースト

#07

キャベツの芯のトロトロ煮

硬い部分は柔らかく茹でて立派な離乳食に

捨ててしまいがちなキャベツの芯も柔らかく茹でれば、ペーストになる！と思いついて、じゃがいもと魚を合わせてペーストにしました。

栄養士のひと言

キャベツの芯は加熱すると、とても甘くなります。ビタミンCやカルシウムも多く含むので、ぜひ活用を

作り方

材料	約2食分
・キャベツの芯	1個分
・じゃがいも	小玉1個
・加熱した白身魚	刺身1切分
・水	適量
・オリーブオイル	少々
・塩	ごくわずか

● 鍋にお湯を沸かし、薄切りにしたキャベツの芯、皮をむいてスライスしたじゃがいもを入れて、柔らかくなるまで茹でる。熱いうちに加熱済みの魚と合わせてミキサーで攪拌。粗熱がとれたら、塩とオリーブオイルで味を調えてできあがり。

#08

 5〜6 7〜8 9〜11 12〜18

なすと魚の出汁のトロトロ煮

味を吸いやすい
なすを
魚の出汁で
煮ました

| 栄養士のひと言 |

柔らかく煮たなすは優しい甘み。葉酸も豊富です

作り方

● なす（1本）の皮をむいて小さく刻み、魚の出汁（100ml）で10分ほど煮たら、ハンドミキサーで攪拌。その後、さらにとろみがつくまで加熱して、ごくわずかな塩を加えたらできあがり。離乳食初期に頻繁に作っていたメニューです。（2食分目安）

#09

 5〜6 7〜8 9〜11 12〜18

大根とズッキーニのトロトロ煮

加熱すると
甘みが増す
野菜の
スープ煮

| 栄養士のひと言 |

食物繊維たっぷりメニュー。お通じが心配な時にも

作り方

● 大根（2cm）とズッキーニ（1/3本）を薄切りにして、チキンスープ（水100mlに顆粒コンソメをひとつまみ）で柔らかくなるまで煮たらハンドミキサーで攪拌します。トロトロした食感とさっぱりした味が美味。ゆるめに作って冷やせば、冷製スープにもなります。（2食分目安）

#10
アボカドとキドニービーンズのペースト

クリームチーズを
加えれば
バリエーションも
楽しめます

5~6 7~8 9~11 12~18

> 栄養士のひと言
> アボカドは脂肪が多いので少しずつ食べさせましょう

作り方

● キドニービーンズの水煮（大さじ1杯）とアボカド（1/2個）をスプーンで潰して、オリーブオイルをほんの少し加えてできあがり。余り物のビーンズで作るくらいがちょうどいい。このために開けると、豆の缶詰を使い切るのが大変ですよ。（2食分目安）

#11
魚のクリームチーズペースト

魚のポテト
サラダに
クリームチーズの
コクをプラス

> 栄養士のひと言
> 塩分、脂肪が多いクリームチーズは少量からスタート

作り方

● 皮をむいたじゃがいも（小玉1個）をスライスして茹でる。じゃがいもが柔らかくなったらざるにあげ、ボウルに移す。熱いうちに加熱済みの魚（刺身1切分）とクリームチーズ（小さじ1杯）を入れて混ぜ合わせる。粗熱がとれたらできあがり。塩分はクリームチーズの塩分で十分。茹でたじゃがいもは水分を切りすぎないように。（2食分目安）

#12

5～6 7～8 9～11 12～18

ひじきときのこのおから

親子で
同じ料理を
食べて
楽しい食卓を

| 栄養士のひと言 |

食物繊維満載！ママのお通じ改善にもオススメです

作り方

● 約2cm幅に刻んだえのきだけ(1/4パック)とひじき(大さじ2杯)に、かぶるくらいの水とめんつゆ(小さじ1～2杯)を入れて水分がなくなるまで煮る。火を止めたら、おから(1/2カップ)を入れて混ぜます。離乳食初期は、少し水分を足してミキサーで攪拌。ヘルシー離乳食のできあがりです。(2食分目安)

#13

5～6 7～8 9～11 12～18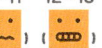

あずきペースト

優しい
甘さが
ポイントの
手作りあずき

| 栄養士のひと言 |

あずきは優れた健康食材。煮汁を生かして仕上げて

作り方

● あずき(1/2カップ)を水に浸してから一度茹でこぼし、再度ひとつまみの塩を加えて柔らかくなるまで煮る。フォローアップミルク(大さじ2杯)を加えて、ミキサーで攪拌。パンに塗っても、パンケーキに入れても使えます。甘さが欲しい時は、きび砂糖を。(4食分目安)

Column 2 　　　グッズ

離乳食作りのお助けグッズたち

ベビー用品店で
扱っている
お気に入りを
紹介します

出張や
外出の多い
私の必需品

保存容器

茹でた野菜や余ったペーストを入れるだけでなく、託児の際のお弁当箱にも重宝しています。

道具ひとつ
でグッと
楽になります

保存容器2

製氷皿型なので、出汁などの汁物だけでなく、攪拌した野菜の保存にも使用しています。1食分のお粥を作りたい時は、これで冷凍しておいた野菜キューブを2種類くらいポンポンと入れるだけで、具だくさんにすることができます。

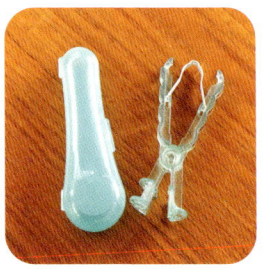

離乳食グッズ

ケース付きで外出用に便利な食べ物カッター。食べ物をカットしたり、潰す作業がこれ一つでできます。離乳食初期の頃、出張先でもバナナや煮物を潰すのに非常に助かりました。ハンドミキサーがない人にもオススメです。

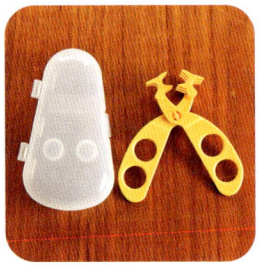

離乳食グッズ2

こちらは麺カッターです。麺類を食べさせたい時、これでちょきちょき食べやすいサイズにカット。これがあれば、外出先でも子供と一緒にうどん屋さんに入れます。

離乳食作りは毎日のことですから、
少しでも手間を省きたいですよね。
料理の仕事をしているので特殊なものもありますが、
あると便利なグッズの、
私なりの使い方をご紹介します。

すり鉢

職業柄、すり鉢を常備しています。離乳食初期って、すり潰す作業がけっこうあります。ハンドミキサーを使うまでもない、少量の時にとっても便利。普段はスパイスやナッツをつぶしたり、ソースを作ったりするのに使っています。

せいろ

実は、我が家は電子レンジを使いません。理由は……特にないのですが、電子レンジよりもせいろの蒸気で温めたり、加熱するほうが、おいしいように感じるんです。面倒に思うかもしれませんが、鍋にお湯を沸かしたら、せいろを上に載せて数分蓋をしておくだけ。その間に、他の作業をしていれば時間は気にならないはず。小さいサイズは特に便利です。肉まんを温めたりもできますね。

小さい土鍋

この本を手伝ってくださったスタイリストの久保田朋子さんから出産祝いにいただいた土鍋と、モグック（P39参照）で販売している土鍋（写真右上）。直径10cm大のこのサイズがすごーく便利なんです。野菜や魚を煮るだけでなく、お粥、うどん、オムレツ、いろんなものを作ることができます。見た目もかわいいのでインテリアとして、食器棚の見えるところに飾っています。

Column 2

3章／スープ
#01

野菜スープ

ただ煮るだけ。時間がない時は圧力鍋を活用

離乳食で一番作っているメニューです。余っている野菜をなんでも使って、煮野菜スープにします。野菜からいい出汁が出ておいしいんです。冷蔵庫の掃除にもなるし、作り置きはできるし、アレンジも簡単で本当に便利。

栄養士のひと言
いろいろな野菜を使うことでおいしさが増します。溶け出した栄養成分を無駄なくとれるのもスープのよさ

材料

- お好みの野菜 ———— 適量
  （じゃがいも、パプリカ、ズッキーニ、かぼちゃ、玉ねぎ、セロリ、にんじん、大根など）
- 水 ———— 適量
- 顆粒コンソメ ———— ひとつまみ

作り方

● 親指の爪くらいのサイズに切った野菜とコンソメを鍋に入れ、具の2cm上くらいまで水を入れて強火に。沸騰したら中火に落として柔らかくなるまで煮てできあがり。水分量はその後の料理によって調整してください。圧力鍋の場合は圧がかかってから10分弱火。圧が落ちたらできあがりです。初期はミキサーで撹拌。中期からは柔らかくなるまで煮て、ご飯を入れてリゾット風に。後期はさっと煮てクリームシチューの素を足してシチューにしたり、パンケーキの具にしたり。私の離乳食の基本のキです。

#02 チーズリゾット

5〜6 7〜8 9〜11 12〜18

時短メニューで
大助かり。
できあがりまで
約5分！

栄養士のひと言
野菜の旨みと栄養がご飯に染みて、食べごたえも抜群

作り方

● P34の野菜スープに炊いたご飯、粉チーズ、少しのオリーブオイルを入れて3分ほど煮込んだらできあがり。水分は野菜スープで。足りなければ水と顆粒コンソメを少々足してください。水分が多すぎるとお粥になってしまうので、しっかり吸わせるように煮込んで。刻んだミニトマトを加えれば、トマト風味に。

#03 鶏団子

5〜6 7〜8 9〜11 12〜18

作り置きを
合体させて
新しい
メニューに

栄養士のひと言
野菜と鶏の旨みをシンプルに。栄養バランスも優秀！

作り方

● P34の野菜スープとP62の鶏と豆腐のハンバーグのタネを使ったアレンジです。スープにハンバーグのタネを落として水溶き片栗粉（水1:片栗粉1）でとろみをつけました。中期のお子さん用には、スープが冷めたらお団子だけ取り出して、手づかみ食べにすることもできます。とろみの強さはお好みがあると思いますが、沸騰したスープに水溶き片栗粉を少しずつ加えると失敗がありません。

3章/スープ

#04

5~6 7~8 9~11 12~18

ミルクスープ

ベースを作ってリゾットやうどんにアレンジ

お好みの野菜と肉を炒めてから、水とコンソメで柔らかくなるまで煮ます。水分が減った分、牛乳を加え、最後に風味づけにタイムを入れれば、小洒落た味付けに。

| 栄養士のひと言 |

フォローアップミルクを少し加えれば、母乳卒業後に不足しがちな鉄分を手軽に効率よく補えます

作り方

材料	約3食分
・ズッキーニ	1/3本
・白菜	1/2枚
・玉ねぎ	1/6個
・キャベツ	1枚
・豚ひき肉	少々
・サラダ油	小さじ1杯
・水	400ml
・顆粒コンソメ	小さじ1/2杯
・牛乳	100ml
・塩	ごくわずか

● 細かく刻んだ野菜と豚ひき肉(豚肉でもハムでもOK)をサラダ油で炒める。そこに水とコンソメを足して、中火で野菜が柔らかくなるまで煮込む。水分が半分くらいに減ったら、牛乳を入れてひと煮立ち。最後に塩で味を調えてできあがり。豚肉はハムで代用OKですが、ベーコンは脂や塩分、添加物も多いのであまりオススメしません。お好みで最後にタイム(1本)を入れて煮込んで。

#05

5~6 / 7~8 / 9~11 / 12~18

トマトシチュー

大人の
トマトシチューを
離乳食に
アレンジ

栄養士のひと言
じゃがいものビタミンCは熱に強いのが特徴です

作り方

● 牛肉と赤ワインで作った大人用のトマトシチューは、子供には油分や塩分が多くて心配。具だけ取り出してお湯でサッと洗い、食べやすいサイズに刻みます。そこへ新たに茹でたじゃがいもを加えて、水で薄めたシチューの汁でひと煮立ち。シチューの中に入っているじゃがいもは、味が染みすぎて塩分が心配なので、新たに茹でるというのが母心。

#06

5~6 / 7~8 / 9~11 / 12~18

ミルクシチュー

じゃがいも多め
水分少なめで
濃く作ると
食べごたえ抜群

栄養士のひと言
乳製品は消化負担が高いので野菜出汁で薄めましょう

作り方

● 玉ねぎ(1/6個)、セロリ(3cm)、いんげん(2本)、じゃがいも(小玉1個)、ズッキーニ(5cm)、アスパラガス(1本)を細かく刻み、サラダ油(小さじ1杯)で炒める。そこに水(400ml)を加えて煮込む。野菜が柔らかくなって水分が半分くらいになったら、牛乳(100ml)を足してひと煮立ち。最後に顆粒のホワイトシチューの素(小さじ2杯)を入れて混ぜ合わせたらできあがり。(3食分目安)

#07 じゃがいもの鯛スープ煮

5〜6 / 7〜8 / 9〜11 / 12〜18

鯛出汁の
ポタージュ。
少しの砂糖で
旨みをUP

作り方

● 私の離乳食に頻繁に出てくるじゃがいもと魚の出汁で、今回はスープ煮を。皮をむいたじゃがいも（小玉1個）をスライスし、冷凍しておいた鯛出汁（200ml。P20参照）で柔らかくなるまで煮て、よく潰します。そこに、ごくわずかな天然塩と、きび砂糖で味付けしました。じゃがいもが鯛出汁の水分をすべて吸ってしまうと、パサパサになるので注意。水を足して調整をしてください。2/3くらい水分を残すと、スープ感が残ります。（2食分目安）

栄養士のひと言
エネルギー源となるじゃがいもは、ビタミンCも豊富

#08 かぼちゃと大根のコンソメ煮

5〜6 / 7〜8 / 9〜11 / 12〜18

自分の歯で
すり潰して
食べる
レッスンに

作り方

● 皮つきのかぼちゃと大根を約1cm角に切って鍋に入れ、かぶるくらいの水とひとつまみの顆粒コンソメを入れて、中火で柔らかくなるまで煮ました。この煮物を作るようになってからは、ほぼ自力で歯や歯茎ですり潰して食べてくれるように。中期への移行時のオススメメニューです。

栄養士のひと言
成長に合わせて、野菜のサイズを変えてあげましょう

#09 ズッキーニのスープ煮

5〜6 / 7〜8 / 9〜11 / 12〜18

濃厚出汁で
仕込んだ
贅沢な
煮野菜

作り方

● 1cmの角切りにしたズッキーニ（1/2本）に魚の出汁（200ml。P20参照）を入れ、トロトロになるまで、約5分中火で煮ます。味付けはごくわずかな塩とオリーブオイル。濃い出汁で野菜を煮るだけで、塩分はほんの少しでも十分満足度の高い離乳食になります。ズッキーニは加熱すると甘くなるのでよく使っています。（2食分目安）

栄養士のひと言
ズッキーニは骨の生成や代謝を促す成分を含みます

Column 3 | 通販

魚を積極的に離乳食に！
離乳食用お魚通販モグック！

私とモグックの出会いは、まだ娘がお腹の中にいた時

私とモグックの出会いは、まだ娘がお腹の中にいた時。モグックの方たちは私が妊娠していたことを知らずに、魚の仕事をしているということで、レシピ考案の依頼をくださいました。

モグックは三重県紀北町で魚を離乳食材として販売しているブランドです。これから離乳食を作らなければならない私は、魚の離乳食は必然だ、この出会いは運命だ！と感じて、お仕事をやらせていただくことになりました。

モグックの最大の特徴は、すべて三重県で獲れたお魚であること。旬の魚なので、季節によって販売する魚が替わります。通販でいろいろなお魚を楽しめるなんて！

しかも、手作業で丁寧に骨を取り除いて加熱していますので、そのまま食べることもできます。

そして私が一番気に入っているのは、魚に皮がついていること。これはとても重要なことだと思います。皮にはたくさんの栄養、脂の旨み、そして風味が含まれています。皮があるのとないのとでは、魚のおいしさがだいぶ違ってきます。苦手な方は手ではがせばいいだけです。

離乳食初期には少しの白身魚をお粥に混ぜて、中期はオムレツに混ぜて、後期は野菜と混ぜてサラダ仕立てに。いろんな調理に使えるのもモグックのいいところです。

魚は高タンパクで低カロリー。魚を積極的に離乳食に取り入れて、バランスの良い食事を作ってあげてくださいね。

mogcook モグック
http://mogcook.com

1章／煮物

#01

5〜6　7〜8　9〜11　12〜18

かぼちゃの煮物

ごく普通の煮付けをほんの少し薄味で

離乳食って和食からスタートするイメージがあったので、何度か練習して私なりの煮かぼちゃを完成させました。かぼちゃが安売りされていたら、一気に作って、パンケーキに入れたり、サラダに足したりして、親子で楽しんでいます。

| 栄養士のひと言 |

甘いかぼちゃは赤ちゃんも大好き。カロテン、ビタミンEなどが豊富なので、ママのアンチエイジングにも

作り方

| 材料 |　　　　　　　　　約4食分

- かぼちゃ　　　　　　　1/4個
- めんつゆ　　　　　　　小さじ2杯
- 水　　　　　　　　　　かぼちゃの半分くらいまで

● かぼちゃを食べやすいサイズにカットしたら、皮面を下にして、鍋の底に重ならないように並べます。めんつゆと水をかぼちゃの高さの半分まで入れて、落とし蓋(アルミホイルでOK)をして中火で水分がなくなる寸前まで煮ます。できあがるまでは触らなくて大丈夫。加熱しすぎて焦げないように気をつけてください。めんつゆは味が薄いと感じるくらいまで水で薄めてください。煮詰まった時に子供に丁度いい濃さになります。

#02

5〜6　7〜8　9〜11　12〜18

かぼちゃの皮の餡

かぼちゃを
丸ごと無駄なく
食べる
いい方法

| 栄養士のひと言 |
| かぼちゃの皮は果肉以上にカロテンが多く含まれます |

作り方

● P40の煮物の皮部分を細かく刻んで、柔らかく茹でた玄米と茹で汁少々を合わせて攪拌。ナンプラーか醤油をほんの少したらして味付けしたら、水溶き片栗粉でとろみをつけてできあがり。豆腐にかけてかぼちゃ餡にしました。

#03

5〜6　7〜8　9〜11　12〜18

かぼちゃペースト

甘さもあって
見た目も良し。
潰して混ぜるだけ
超簡単！

| 栄養士のひと言 |
| ビタミンB群たっぷりのバナナが代謝をサポート！ |

作り方

● 多めに作っておいた煮かぼちゃ（P40参照）に、フォローアップミルクを混ぜてペーストにし、トーストのスプレッドにしました。ペーストをのせたトーストをカットして手づかみで食べさせます。フォローアップミルクは、混ぜると水分が増したようにしっとりします。娘はバナナと一緒に食べるのが好きみたい。

4章／煮物

#04

| 5〜6 | 7〜8 | 9〜11 | 12〜18 |

トマトとにんじんの柔らか煮

トマトのコクとにんじんの甘み。大人も好きな味わいです

熟してしまったトマトをにんじんと一緒に柔らかく煮込んでミキサーで攪拌しました。トマトの皮はもったいないですが、舌触りが悪く、子供が飲み込みづらいのでむいてしまいましょう。完熟トマトは、手で簡単にむくことができますよ。

| 栄養士のひと言 |

煮込むとトマトの酸味が和らぎ、甘み、旨みが凝縮。オリーブオイルを少し足すと栄養吸収がよくなります

作り方

| 材料 |　　　　　　　　　　　約2食分

- トマト ……………………………… 1/2個
- にんじん …………………………… 3cm
- 水 …………………………………… 200ml
- 塩 …………………………………… ごくわずか
- オリーブオイル …………………… 少々

● 皮をむいたトマトを適当な大きさに切り、スライスしたにんじんと水と一緒に鍋に入れて、にんじんが柔らかくなるまで煮込む。その後、ハンドミキサーで攪拌。仕上げにオリーブオイルと塩を加えてできあがり。あまり煮詰めすぎないように。大人用はキンキンに冷やしてタバスコをかけても、ライムを搾ってもおいしいですよ。ミニトマトを使ったアレンジもできます。

#05

| 5~6 | 7~8 | 9~11 | 12~18 |

大根と鶏そぼろの餡かけ

ご飯にかけても
おいしい。
親子で食べられる
嬉しい煮物

まだスープを飲むのが苦手だった頃、汁気の多いものは強めにとろみをつけて食べさせていました。絹ごし豆腐にかけると、のど越しもいい。大人用にもたくさん作って、ご飯にかけて食べるとおいしいんですよ。紅しょうがやおろししょうがと相性ばっちりです。

栄養士のひと言

柔らかく煮た大根は、とろみをつけるとより食べやすくなります。豆腐にかければ栄養バランスもGOOD

作り方

材料　　　　　約2食分

- 大根　　　　　　　　　3cm
- 鶏ひき肉　　　　　大さじ1~2杯
- めんつゆ　　　　　小さじ1~2杯
- 水　　　　　　　　　　適量
- 水溶き片栗粉　　　　小さじ2杯
  （水小さじ1：片栗粉小さじ1）
- 豆腐　　　　　　　　　1/2丁

● 大根を細かく切って鍋に入れ、大根がかぶるくらいの水を入れます。めんつゆを足して強火にかけ、沸騰したら、中火に落として水分が半分になるまで煮ます。この時、大根が硬かったら水分を足して、さらに煮てください。その後、鶏のひき肉を入れてひと煮立ちさせ、水溶き片栗粉でとろみをつけてできあがり。豚ひき肉でもOK。

4章／煮物

#06

| 5〜6 | 7〜8 | 9〜11 | 12〜18 |

大根のスティック煮

おいしくて持ちやすい手づかみメニュー

初めて作った手づかみメニューです。汁気たっぷりにして、食べやすくスティック状にしました。食べている時はおとなしくしてくれるので、出張や遠出の時は、これをお弁当にしていました。

栄養士のひと言

大根に味が染みるよう、水からじっくり煮ましょう。母乳に似た旨みを持つ昆布出汁で煮るのもオススメ

作り方

材料　約3食分

- 大根 ……… 3cm
- 水 ………… 適量
- めんつゆ … 小さじ1〜2杯

● 1cm角のスティック状に切った大根を鍋に入れ、ひたひたの水、めんつゆを入れて強火にかけます。沸騰したら中火に落としてゆっくりと煮ます。大根が柔らかくなるまで煮たら、粗熱をとってできあがり。大根は、冷める時に味が染みますので、ゆっくり冷まします。食べすぎても大丈夫なように、味を薄めにして塩分を抑えました。娘は噛むと水分がじゅわっと出る食べ物が好きだったので、よく作りました。

#07

5~6 　7~8　 9~11　 12~18

カリフラワーのスープ煮

ゆっくり煮て ゆっくり冷ます。 柔らかく煮て 噛む練習を

トロトロ、ゆるゆるのものばかりではなく、自力で噛んだり、すり潰して食べる練習をするために、カリフラワーを選んでみました。カリフラワーは茹でると甘みが増すので、よく食べてくれました。が、うちの子は上の部分が苦手に……。ボソボソするのが嫌みたいです。あ〜あ。

栄養士のひと言
カリフラワーに含まれるビタミンCは熱に強いのが特徴。冬が旬なので風邪予防にもきっと役立ちます

作り方

材料 　約3食分

- カリフラワー ……… 1/6個
- 水 ………………… 適量
- 顆粒コンソメ ……… ひとつまみ
- オリーブオイル …… 少々

● 鍋に小房に切ったカリフラワー、かぶる程度の水、コンソメを入れて、カリフラワーが柔らかくなるまで中火でゆっくり煮る。粗熱をとったら、仕上げにオリーブオイルをかけてできあがり。

4章／煮物
#08

5~6　7~8　9~11　12~18

茹で鶏のほうれん草ソース

手づかみ用に考えた鶏肉を使ったオードブル

茹でた鶏ささみをスライスして、ほうれん草とクリームチーズのペーストを鶏肉の下に敷きました。ペーストは下に敷くと、手が汚れづらいですよ。

| 栄養士のひと言 |

鶏むね肉の場合は皮に脂が多いので取り除いてあげて。ほうれん草を合わせれば、鉄の吸収率が高まります

作り方

| 材料 |　　　　　　　約2食分

- ・茹で鶏 ……………… ささみ1本
- ・ほうれん草 ………… 1/2株
- ・クリームチーズ …… 大さじ1杯

● 茹でたほうれん草をミキサーで撹拌し、クリームチーズを加えて混ぜ合わせたらできあがり。クリームチーズは塩分が強いので入れすぎに注意してくださいね。ミキサーがない場合は、包丁で細かく刻んで。茹で鶏はささみでもむね肉でもOK。（茹で鶏の作り方はP8参照）

Column 4　調味料

愛用調味料のはなし

我が家の定番調味料。
上手に使って子供にも同じ味を

① 野菜スープストック

化学調味料無添加の粉末野菜スープです。仕事柄、くず野菜がたくさん出ます。普段はそのくず野菜でスープを作っていますが、急いでいる時はこれがとっても便利。

② めんつゆ

ナチュラルハウスオリジナルのめんつゆ。体に優しいイメージだし、味も私好みなんです。

③ オリーブオイル

普段からオリーブオイルはこだわって、エキストラバージンのできるだけいいものを使うよう心がけています。一番大事なのは酸化していないものを使うこと。オリーブオイルは母乳と同じ成分が含まれているそう。新しくて風味のあるものを選びます。

④ 海外の魚醤2種類

和食を作る時に「いしる」という魚醤をよく使いますが、ベトナムには「ニョクマム」、タイには「ナンプラー」があります。また、イタリアにも「コラトゥーラ」という魚醤があります。魚醤は数滴たらすだけで出汁いらず。とっても便利な調味料です。

⑤ 塩

ほんの少し、耳かき1さじ程度でも塩を使えば、その料理の味が際立ちます。私は離乳食初期から塩をごくわずか使っていました。それは自分の娘には食べ物の味をよく知ってほしいから。もちろん、あげすぎは厳禁です。

Column 5 　市販食品

手抜き？　裏ワザ？　市販のものを賢く使おう

離乳食を卒業した今もお弁当やおかずに大活躍

　すべての離乳食を手作り、しかも化学調味料無添加なんて、仕事をしている自分には難しいと思っています。残念ですが、そこまで丁寧に毎食作ることはできません。また、個人的な考えですが、今の世の中、あまり化学調味料を毛嫌いしていては、逆に子供の免疫力に影響してしまうこともありそうで、多少は仕方ないかと。あくまでもうちの娘がアレルギーもなく健康だから言えることですが。そんな私が使っている市販の食品をご紹介します。ものは使いようですよ。

パンケーキミックス

　オーガニックのパンケーキミックスです。煮たかぼちゃやバナナを刻んで粉に混ぜて焼くと、食べごたえのあるパンケーキになりますし、茹でたほうれん草やにんじんをミキサーにかけて混ぜれば、野菜パンケーキになります。とにかくパンケーキは便利！　お好み焼き粉も同様です。作る時に、牛乳を豆乳や低脂肪乳、無脂肪乳、フォローアップミルクに替えればカロリーオフになります。

フォローアップミルク

＊牛乳がなくてもこれがあれば大丈夫

　フォローアップミルクって料理にも使えるって知っていましたか？　私は健診の時に栄養士の先生から教えてもらいました。それ以来、離乳食が質素だなと思った時は、フォローアップミルクを料理に混ぜています。マッシュポテトに混ぜたり、シチューに混ぜたり。牛乳を使うものだったら、だいたいおいしく作ることができます。

ショートパスタ

　キッズパスタという有機栽培の小麦を使ったパスタもありますが、簡単に買えるものではありません。私はそこまで有機栽培にこだわっていないので、手軽さを優先しました。近所のスーパーに、ショートパスタに野菜を練りこんであるものや、早茹でのものがあります。特に早茹ででは1分半で茹であがるので、忙しい朝にも大活躍します。

> ほんのり甘くて
> 子供も
> 大好きな味

チーズ

チーズって塩分が強いんですよね。でも、この「1才からのチーズ」は塩分控えめ。柔らかくて食べやすくできています。小分けになっているので、お弁当用にも持ち歩けます。たまに私も晩酌のおつまみに食べています。

> 薄切りパンにはさんでサンドイッチにも！

オートミール

ぜひオススメしたいのがオートミール。煮込めばとろみも出るし、かさも増すので品数を増やせない時は、野菜と一緒に煮込んですませてしまいます。鶏ガラスープで中華粥、牛乳で作ってオリゴ糖を入れれば甘いミルク粥に。とにかくお米と同じ感覚で使ってみてください。オートミールは主食になりますから、なるべく添加物の少ないものを選びたいですね。

野菜ジュースのスティックパン

近所のスーパーで売っているスティックパン。チョコチップ入り、ドライフルーツ入りといろんな種類がありますが、どれもまだ早いので、野菜ジュースで味付けしたものを食べさせています。細かくカットして食べさせれば、食事中の時間稼ぎにも便利。時間のない朝やおやつ、外出の時にも重宝しています。

Column 5

5章／おかず
#01

5〜6 / 7〜8 / 9〜11 / 12〜18

白和え

具はお好みで。まずはほうれん草とにんじんから

白和えは離乳食初期から中期にかけてよく作りました。お豆腐は絹でも木綿でも、どちらでもOK。時間があれば、水切りをしておくのがベター。豆腐から水分が出ると、べちゃべちゃになってしまいます。

| 栄養士のひと言 |

豆腐は赤ちゃんの成長に必要な栄養がたっぷり。きなこを少し加えれば、水分を吸ってくれて栄養価もUP

作り方

材料　約2食分

- ほうれん草　　　1株
- にんじん　　　　1cm
- 豆腐　　　　　　1/2丁
- めんつゆ　　　　小さじ1/2杯

● ほうれん草とにんじんを柔らかく茹でて細かく刻みます。そこに、水切りした豆腐とめんつゆを入れて、よく混ぜ合わせたらできあがり。他にも、ひじき、いんげん、ブロッコリー、枝豆など月齢に合わせて、いろんな具材で作ってみてください。

#02

5〜6 7〜8 9〜11 12〜18

ほうれん草の白和え

ほうれん草と
豆腐のバランス
を変えれば
おいしさも変化

| 栄養士のひと言 |
カッテージチーズ
を加えてカルシウ
ムを強化しても

作り方

● ほうれん草（1株）を柔らかく茹で、水切りした豆腐（1/4丁）と一緒にミキサーで攪拌。味付けにめんつゆをほんの数滴たらして、よく混ぜ合わせたらできあがり。茹でたほうれん草や豆腐は水気をしっかりふきとってくださいね。（2食分目安）

#03

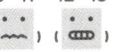

5〜6 7〜8 9〜11 12〜18

アボカドと枝豆の島豆腐和え

白和えは
カロリー少なめ。
味も薄めに
ヘルシーに

| 栄養士のひと言 |
アボカドには代謝
を促すビタミンB群
がたっぷり

作り方

● スーパーで無農薬フェアをやっていたので、枝豆とアボカドを購入。沖縄旅行帰りで島豆腐にハマっていたので、家にあった島豆腐（小1/2丁）と和えました。加熱した枝豆（約10房）を潰し、島豆腐、アボカド（1/4個）を混ぜ合わせたら、ごくわずかな塩とオリーブオイルで味付け。私はこれにレモンをぎゅっと搾ってトーストに塗って食べました。豆腐はどんな豆腐でも、合わせる分量もお好みで大丈夫。塩分を入れすぎないように。（3食分目安）

5章／おかず

#04

5～6 7～8 9～11 12～18

春菊の水餃子

大人と子供、同じものを食べる楽しさを共有しよう

私が好きな春菊の水餃子です。特に子供用のレシピというわけではありません。普段から私が食べているものを簡単にアレンジしただけ。大人は酢醤油やお好みのタレで召し上がってくださいね。軽く下味がついているので、子供はこのまま食べることができます。

栄養士のひと言

カロテンやビタミンEが豊富な春菊は免疫強化に◎不足しがちなカルシウムや鉄の補給にも役立ちます

材料　約2食分

- 白菜　　　　　　1/3枚
- 春菊　　　　　　2本
- お好みのひき肉　大さじ2杯
- しょうが　　　　少々
- にんにく　　　　少々
- 醤油　　　　　　小さじ1/2杯
- 酒　　　　　　　少々
- ごま油　　　　　小さじ1杯
- 餃子の皮　　　　6枚ぐらい

作り方

● 白菜、春菊、しょうが、にんにくを刻んで、ひき肉と調味料を入れ、よく混ぜ合わせます。具材を餃子の皮に包んで、沸騰したお湯に入れ、餃子が浮かんできたら、茹であがりのサインです。しょうが、にんにくは月齢に合わせて量を調整してください。春菊の茎も細かく刻んで入れると歯ごたえが出ておいしいですよ。

#05

5〜6 7〜8 9〜11 12〜18

マッシュポテト 豆乳仕立て

月齢が進んだら白胡椒やバターを入れて風味豊かに

豆乳を使った軽いマッシュポテトです。乳製品が大丈夫でしたら、牛乳で作ったほうが断然おいしいですよ。じゃがいもは腹持ちがいいので、よく外出前に食べさせていました。潰した茹で野菜を加えれば、味や色の変化も楽しめます。

| 栄養士のひと言 |

離乳食後期ならヨーグルトを加えるのもオススメ。タンパク質や免疫力を上げる乳酸菌も補給できます

作り方

| 材料 | 約3食分 |

- じゃがいも ……………… 小玉2個
- 水 ……………………… 適量
- 豆乳または牛乳 ………… 大さじ1〜2杯
- 顆粒コンソメまたは顆粒野菜スープ … ひとつまみ
- オリーブオイル ………… 少々

● じゃがいもの皮をむいたらスライスして、柔らかくなるまで茹でます。鍋に残った水分を捨て、豆乳、顆粒コンソメを入れます。弱火で加熱しながら混ぜ合わせ、豆乳の水分をじゃがいもに吸わせます。粗熱がとれたら、オリーブオイルを混ぜてできあがり。じゃがいもは、柔らかくなったなと思ってから、さらにもう一押し茹でると、本当に柔らかくなるというのは、私の母の教え。

5章／おかず

#06

| 5〜6 | 7〜8 | 9〜11 | 12〜18 |

白身魚のモロヘイヤソース

魚、野菜、お肉、いろんなものにかけておいしい便利なソース

モロヘイヤのクリームソースを作って、加熱した鯛にかけてみました。モロヘイヤソースは茹でた野菜やお肉にかけてもおいしいんです。モロヘイヤ自体にとろみがあるので、あえてとろみをつける作業をしなくても大丈夫です。

栄養士のひと言

モロヘイヤはビタミン、ミネラルがたっぷり。乳製品と合わせれば、クセが抑えられて食べやすくなります

作り方

| 材料 | 約4食分

- モロヘイヤ ……………… 2本
- ほうれん草 ……………… 1/2株
- 牛乳 ……………………… 大さじ1杯
- 生クリーム ……………… 小さじ1杯
- 塩 ………………………… ごくわずか
- お好みの具（写真はモグックの鯛）……… 適量

● モロヘイヤとほうれん草を茹でて細かく刻んだものを、鍋に移し、牛乳、生クリームを加えて弱火にかけます。水分が減ってねっとりしたら塩を加えてソースのできあがり。写真のメインはモグック（P39参照）の鯛なので、湯煎で温めればいいだけ。茹でた鶏肉、ショートパスタ、豆腐など、いろんなものにかけて楽しんで。

#07 焼きなす ナンプラー風味

5~6 7~8 9~11 12~18

ベトナムの
焼きなすを
離乳食にアレンジ

作り方

● 焼きなす（1本）の皮をむいて、食べやすいサイズにカット。熱いうちにニョクマムを数滴かけてから、粗熱をとります。冷める間にニョクマムがなすにゆっくり染みて、甘くおいしくなります。ベトナムでは離乳食にもニョクマムを使うと聞いて考えたメニューです。焼きなすを作る時のポイントは、水に浸さずに皮をむくこと。そのほうが風味よく、ふっくら仕上がります。(2食分目安)

| 栄養士のひと言 |
なすの食物繊維とたっぷりの水分がお通じを助けます

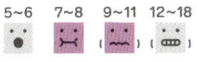

#08 ごま豆腐の海苔餡かけ

5~6 7~8 9~11 12~18

磯の香りは新しい味。
いろんな味覚を
刺激しよう

作り方

● 茹でたツルムラサキ（1本）を細かく刻んで、ちぎった海苔（全型4枚。もしくは乾燥岩のり大さじ2杯）を鍋に入れます。水少々と、めんつゆ数滴を入れて弱火で煮ます。火が通ったら、水溶き片栗粉（水小1:片栗粉小1）でとろみをつけて、海苔餡のできあがり。今回はごま豆腐の上に茹でたじゃがいもをのせて、その上から海苔餡をかけました。(2食分目安)

| 栄養士のひと言 |
海苔は成長に欠かせない栄養の宝庫。上手に活用を

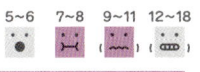

#09 白身魚と大根の餡かけ

5~6 7~8 9~11 12~18

食べやすい餡かけ。
とろみは
お好みで調整を

作り方

● 大根（輪切り1cm分）を1cm角にして、お好みの魚（刺身1切分）を鍋に入れます。かぶるくらいの水とめんつゆ（小さじ2杯）を加えて煮て、水溶き片栗粉（水小1:片栗粉小1）でとろみをつけます。今回はお湯で温めた木綿豆腐にかけてみました。大根は柔らかくなるまで、鍋に蓋をして20分くらい煮込んでいます。温かくないと、魚の癖が際立つので、作り置きしたらその都度温めなおしてあげてください。(3食分目安)

| 栄養士のひと言 |
食物繊維たっぷりの大根は、便秘改善にオススメ

6章／サラダ

#01

| 5〜6 | 7〜8 | 9〜11 | 12〜18 |

トマトサラダ ライム風味

硬いトマトよりも少し熟したトマトを使って

大人が食べてもおいしい、ライム風味のトマトサラダです。トマトの皮は細かく刻めば気になりませんが、湯むきすると舌触りがよくなります。レモンを使ってもOKですが、ライムのほうが香りもさわやかです。

| 栄養士のひと言 |

トマトの赤色色素であるリコピンが免疫力UPに貢献。少量のオイルと合わせると吸収率が高まります

作り方

| 材料 | 約2食分 |

- ・トマト ………………… 1/2個
- ・ライム ………………… 少々
- ・オリーブオイル ……… 少々
- ・塩 ……………………… ごくわずか

● トマトを薄くスライスして、さらに細かく刻み、ライム果汁、塩、オリーブオイルを加えて混ぜ合わせたらできあがり。とっても簡単なので、もう一品欲しい時にどうぞ。もちろん、ミニトマトでも代用できます。パクチーやタバスコを加えて、焼いたバゲットにのせれば、大人も楽しめるおつまみに。

#02

| 5~6 | 7~8 | 9~11 | 12~18 |

にんじんときゅうりのおからサラダ

すりおろした野菜やカット野菜、なんでも混ぜてOK

とある有名な豆腐料理店のおからを食べた時の衝撃が忘れられず、それ以来私の作るおからは汁気たっぷり。しっとりして具だくさん。それまでおからって興味なかったのに、今では定番料理になりました。今回はおから「サラダ」ですから、具材はなんでも大丈夫。

| 栄養士のひと言 |

食物繊維が多く含まれるおからは、満足度も抜群。カルシウムも含むので骨の成長促進にもぴったりです

作り方

| 材料 | 約3～4食分 |

- きゅうり ———— 1/2本
- にんじん ———— 2cm
- おから ———— 1カップ
- 和風出汁 ———— 大さじ3杯
- 醤油 ———— 少々

● きゅうりとにんじんをすりおろして、キッチンペーパーなどで水分を絞る。おからと混ぜ合わせて、おからがしっとりするまで和風出汁を注いで、よく混ぜます。最後に醤油を数滴たらして薄味に仕上げてできあがり。野菜が多くても、おからが多くても、どの分量でもおいしく作れます。水気のある具材を使った時はすぐに食べきってしまいましょう。大人はキンキンに冷やして塩昆布と一緒に食べるとおいしいですよ！

#03　サバのポテトサラダ

5〜6 7〜8 9〜11 12〜18

娘も私も
大好物！
我が家の
定番ポテサラ

作り方

● サバを使ったポテトサラダです。サバとマヨネーズ、じゃがいもって相性いいんですよ。小玉のじゃがいも（2個）を皮ごと柔らかくなるまで茹でて、熱いうちに皮をむいて軽く潰します。冷めないうちに加熱したサバ（刺身2切分）と、すりおろして水分を絞ったきゅうり（1/3本）を入れて混ぜます。最後にマヨネーズ少々とごくわずかな塩で味付けしてできあがり。マヨネーズはほんのり酸味を感じられる程度に。（3食分目安）

#04　紫芋のサラダ

5〜6 7〜8 9〜11 12〜18

味だけで
なく、色も
きれいな
サラダを楽しむ

作り方

● 加熱した（蒸し、茹で、なんでもOK）紫芋（小1本、さつまいもでもOK）を潰して、ヨーグルト（大さじ2杯）で和え、しっとりしたらできあがり。茹でたほうれん草を添えて。なんてことないけど、色合いが好きです。お好みでオリゴ糖や塩で味付けしてください。（3食分目安）

| 栄養士のひと言 |
大人のアンチエイジングや免疫強化も期待できます

#05　豆腐サラダ

5〜6 7〜8 9〜11 12〜18

おばあちゃんが
孫を思って
作った
1歳記念食

作り方

● 娘の1歳の誕生日に私の母が用意してくれたのが、この豆腐サラダ。色も華やかだし、歯ごたえのある野菜も入っています。きゅうり（1/6本）、トマト（1/8個）、ハム（1/2枚）を細かく刻んで、豆腐（1/4丁）の上にのせただけですが、バランスもいいんです。ハムの添加物が気になる方は、無添加ハムか、茹でた鶏肉で代用してください。（1食分目安）

| 栄養士のひと言 |
彩りがよいと、自然と栄養バランスもよくなります

Column 6　調理器具

いい道具でグンとラクになる！　愛用調理器具

毎日使っている私の必需品

　離乳食作りって、ちょっとした調理器具で作業がラクになったり、レパートリーが増えたりするんですよね。というわけで、私が普段使っている便利な調理器具をご紹介します。

Silitの小さな圧力鍋

　とにかく時短で作りたい離乳食には、もってこいのツールです。野菜を柔らかく煮れば、わざわざミキサーにかけなくても、スプーンやヘラだけで潰すことができます。小さいサイズが使いやすいです。

スイスダイヤモンドのフライパン

　このメーカーの製品、とっても優秀です。油分をできるだけ控えたい離乳食には欠かせない存在。油をひかなくても、きれいに焼けるんです！　写真は大きめのフライパンですが、サイズや形はいろいろあります。

小さなお鍋

　お世話になっている方から譲っていただいたお鍋です。このサイズがすっごく便利で、私の離乳食の大半がこの鍋で作られています。直径10cmぐらいで、中期の子の2杯分のお粥が作れます。

ホーローのお皿

　赤ちゃんってやんちゃをするようになると、食べ終わったお皿を持ち上げて床に落としたりしますよね。ホーローのお皿は割れないし、かわいいし、洗うのもラクなのです。

ブラウンのハンドミキサー

　お気に入りポイントは、モーターより下の部分を外せて、簡単に洗えるところ。ホイッパーもチョッパーもあるので、いろんな料理に使えます。離乳食初期に大活躍。

Column 7　手づかみ

子供の成長に大切な手づかみメニュー

> 私も同じメニューで朝ご飯

茹で鶏
大根の煮物
パンケーキ

フレンチトースト
茹でほうれん草　バナナ
かぼちゃの煮物

バリエーションや
並べ方も
工夫して

　1歳健診の時に栄養士の先生から「嫌かもしれないけど、手づかみはやったほうがいいよ」と指導を受けました。「なんで嫌だとわかったんですか?」と聞くと、「ほとんどのお母さんがお行儀が悪くて嫌がっている」とのこと。私もその一人でした。手づかみをすると、指先の神経が発達して、小さなものから大きなものまで上手につかむ練習になるのだそうです。

　指導を受けたその日から、すぐに実践。私が作ってきた手づかみメニューの一部をご紹介します。

団子は細長く
まとめてから
カットして

海苔の上にご飯と
ふりかけをのせ、
海苔で挟んでカットしたもの

フレンチトースト
かぼちゃの煮物
ポテトサラダ マスカット

スティックパン
焼き芋とフォローアップミルクの団子

お好み焼き

食パン
さつまいもとクリームチーズのサラダ
ズッキーニのソテー アボカド

トマトサラダ さつまいもサラダ
フレンチトーストとアガベシロップ
バナナ アボカド

Column 7

7章／ハンバーグ

#01

| 5~6 | 7~8 | 9~11 | 12~18 |

ひき肉と豆腐のハンバーグ

お弁当にも便利。タネは冷凍保存も可能です

家族全員大好きなハンバーグ。いちおう、離乳食なので豆腐を使ってヘルシーに。野菜多めでバランスよく作りました。このレシピをベースに、いろんな具材を使って、子供の好みの味を見つけてあげてください。

| 栄養士のひと言 |

ハンバーグなら苦手な野菜も無理なく食べられます。カルシウムが豊富なカッテージチーズを加えても

材料　約4食分

- ひき肉　　　　100g
- ひじき　　　　大さじ1杯
- にんじん　　　2cm
- ニラ　　　　　1本
- 万能ねぎ　　　1本
- 木綿豆腐　　　1/4丁
- 溶き卵　　　　1個分
- 片栗粉　　　　大さじ1杯
- 塩　　　　　　ごくわずか

作り方

● ボウルにお好みのひき肉、茹でたひじき、刻んだニラとにんじん、万能ねぎ、水切りした豆腐、溶き卵、塩、片栗粉を入れ、混ぜ合わせます。お好みのサイズに丸め、油をひいたフライパンで両面しっかり焼いてできあがり。溶き卵は全卵を入れてしまうと、ゆるいタネになってしまうので少しずつ入れて。入れすぎた時は、片栗粉を足して硬さを調整してください。

#02

5~6 / 7~8 / 9~11 / 12~18

れんこんハンバーグ

ひと手間加えてさらにおいしい離乳食

野菜を少しでも多く食べさせたくて、あれこれ試行錯誤した結果、このハンバーグが定番となりました。鶏肉や豚肉で作ることもありますが、やっぱりヘルシーなのは魚を使ったハンバーグです。

| 栄養士のひと言 |

れんこんの粘り成分には消化を助ける働きがあります。好きな野菜やしらすを加えてアレンジを楽しんで

作り方

材料　約4食分

- れんこん　　　　大3cm
- 加熱した魚　　　刺身3切分
- 木綿豆腐　　　　1/4丁
- 万能ねぎ　　　　1本
- 片栗粉　　　　　大さじ1杯
- 塩　　　　　　　ごくわずか

● れんこんをすりおろして水分をしぼり、水切りした木綿豆腐、加熱したお好みの魚、小口切りの万能ねぎ、塩、片栗粉を加えてよく混ぜ合わせます。

お好みの大きさに形をまとめたら、油をひいたフライパンで両面焼いてできあがり。タネがゆるく感じても焼いて粗熱がとれると、もっちりしてきます。

7章／ハンバーグ

#03

5〜6 7〜8 9〜11 12〜18

ピーマンの肉詰め

ほとんど大人と
同じおかず。
子供も好きな
味なのです

│栄養士のひと言│
肉ダネに豆腐を加えれば、栄養強化につながります

作り方

● 私が子供の頃から好きだったピーマンの肉詰め。薄味で作れば、離乳食でもOKです。タネはお好みのひき肉で。豚ひき肉（80g）に、みじん切りにした玉ねぎ（1/6個）、にんじん（2㎝分）を加え、溶き卵と一緒に混ぜます。そこにごくわずかな塩と胡椒を加えてさらに練り合わせます。縦半分にカットしたピーマン（2、3個）にタネを詰めて、魚焼きグリルで約8分ほど焼いてできあがり。細かくカットして、食べさせます。時にはタネにクミンシードやすりおろしたれんこんを入れることも。うちの娘はスパイスも得意なようです。（2食分目安）

#04

5〜6 7〜8 9〜11 12〜18

魚と豆腐のハンバーグ

小さく焼いて
手づかみ用に。
ヘルシーで便利な
ハンバーグ

│栄養士のひと言│
ひじきは骨の成長を促す成分が豊富。ぜひストックを

作り方

● 加熱した白身魚の切り身（1/3枚）と水切りした木綿豆腐（小パック1/2丁）に、茹でたひじき（大さじ1杯）、茹でてみじん切りにしたにんじん（1㎝分）といんげん（1本）、ごくわずかな塩を混ぜ合わせて、丸めます。表面に軽く片栗粉をつけて、少しのサラダ油で両面焼いたらできあがり。野菜も魚も食べられる万能ハンバーグです。

Column 8　記念日

子供と楽しむ、特別な日のメニュー

スイーツ
不得意でも
愛情をのせて

12月生まれの
娘の記念日メニューを
ご紹介します。

12月 1歳の誕生日

ケーキなんてまだ早いけど、気分だけでもバースデー感を出したくて、娘が好きなパンケーキを焼いてみました。熟した柿を潰してピューレにし、ホイップした豆乳クリームに混ぜて、バナナやマンゴーと一緒に薄く焼いたパンケーキで挟みました。その上に「1」のろうそくを立てて、バースデーケーキのできあがり。残念ながら、あんまりお気に召さなかったようで、ほとんど大人が食べましたが。

6月　記念すべき初めての離乳食

娘が生まれて約半年。明石の鯛のアラで丁寧に出汁をとって、その出汁を水で薄め、生米からお粥を作って、その上澄みを与えました。

3月　ひな祭り

明石の天然鯛、まぐろのお刺身、はまぐりのお吸い物、お赤飯を用意しました。大きな鯛は記念写真を撮って、両親といただきました。

3月　お食い初め

立派なはまぐりはお吸い物にして、お赤飯と一緒に。そして桜餅と、歯固めの石をお膳に載せました。

8章／卵料理

#01

5〜6　7〜8　9〜11　12〜18

豆腐オムレツ

冷蔵庫の余り物を卵と一緒に焼きました

野菜スープの野菜を使ったオムレツです。食べごたえを出すために、豆腐を加えました。健康的なメニューで、子供のお腹も作っている私の満足感も満たされます。

| 栄養士のひと言 |

しらすやほうれん草などを加えれば、カルシウムを強化できます。少し牛乳を加えるのもオススメです

作り方

| 材料 | 約2食分 |

- 野菜スープ（P34）の野菜 ……… 大さじ2杯
- 豆腐 ……………………………… 1/4丁
- 卵 ………………………………… 1個
- 塩 ………………………………… ごくわずか
- サラダ油 ………………………… 小さじ1/2杯

● 豆腐はしっかり水切りして、手でちぎる。豆腐と野菜スープの野菜に塩、卵を混ぜ合わせて、油をひいたフライパンで焼いたらできあがり。具材はお好みの野菜を炒めて作ってもOK。数回かき混ぜ、フライパンの端のほうに寄せて、形成するとうまくできます。きれいに作るのが苦手な方は、スクランブルエッグだっていいんです。

#02

| 5~6 | 7~8 | 9~11 | 12~18 |

炒り卵

初めての卵料理は豆腐と一緒に優しい味で

卵って卵黄より卵白にアレルギー反応が強く出るって知っていました？ 月齢が若い時に、うっかり茶碗蒸しを食べさせてしまったことがあって、ヒヤッとしたのを覚えています。難なくクリアできたので、卵1個と豆腐を炒めて炒り卵を作りました。

| 栄養士のひと言 |

1歳未満の離乳食作りでは、卵はしっかりと加熱するのが基本。できるだけ新鮮な卵を使いましょう

材料　約2食分

- 卵 ……………………… 1個
- 木綿豆腐 ……………… 小1/2丁
- ほうれん草 …………… 1株
- 塩 ……………………… ごくわずか
- 黒ごま ………………… 少々
- サラダ油 ……………… 小さじ1杯

作り方

● 水切りした木綿豆腐をフライパンで乾煎りします。焦げそうになったらサラダ油と、茹でて刻んだほうれん草を入れて混ぜ合わせます。全体がなじんだら、塩を入れた溶き卵を入れて、卵が固まったらできあがり。保存すると豆腐から水が出やすいので、タッパーにキッチンペーパーを敷いておくといいかもしれません。ちなみに、私はこれに刻んだザーサイと黒ごまをたっぷりのせて白いご飯で食べるのが大好き！

8章／卵料理

#03

| 5〜6 | 7〜8 | 9〜11 | 12〜18 |

スペイン風オムレツ

トースターに入れるだけ。焼いている間にもう一品、どうぞ

ソテーした野菜をオムレツに入れたメニューです。余ったグリル野菜などがあれば、それで十分。オーブントースターに入れている間にもう一品作ることができるので、時間を有効に使えるメニューです。

| 栄養士のひと言 |

野菜たっぷりで栄養満点。ほうれん草やブロッコリーを加えれば、鉄やビタミンB群も強化できます

材料　約2食分

- 冷蔵庫に余っている野菜 ……………… 適量
  （玉ねぎ1/8個、ズッキーニ1/4本、
  パプリカ1/8個、じゃがいも小玉1/2個など）
- 卵 ……………………………………………… 1個
- 粉チーズ ……………………………………… 少々
- サラダ油 ……………………………………… 少々

作り方

● じゃがいもは下茹でして、小さく切ります。ほかの野菜を食べやすい大きさに切り、フライパンに油をひいてソテーします。全体に火が通ったら、ココットなどの耐熱皿に入れて、粉チーズを混ぜた溶き卵をかけます。オーブントースターで約20分焼いたらできあがり。塩分は粉チーズで十分です。P34の野菜スープの具材を使うと楽ですよ。

#04

5~6　7~8　9~11　12~18

親子丼

離乳食後期はそろそろ大人の味にも挑戦

実はこのレシピ、私がいつも作る親子丼のレシピです。私の親子丼は片栗粉でとろみをつけたあとに溶き卵をふわっと回し入れ、卵がトロントロンのまま食べるのが特徴です。子供が好きな味だと思います。

| 栄養士のひと言 |

1歳を過ぎたら様子を見て半熟卵に挑戦。卵は優秀なタンパク源。代謝に不可欠なビタミンB群も豊富です

作り方

材料　約2食分

- 鶏もも肉 ──── 1/4枚
- 水 ──── 100ml
- めんつゆ ──── 小さじ1〜2杯
- 水溶き片栗粉 ──── 水小さじ2杯：片栗粉小さじ2杯
- 卵 ──── 1個
- 長ねぎ ──── 3cm
- ご飯 ──── 適量

● 鍋に小さくカットした鶏肉、斜め薄切りにした長ねぎ、水、めんつゆを入れてひと煮立ちさせます。片栗粉と水を合わせてから入れ、とろみがついたら素早く溶き卵も回し入れる。箸で2回ほどかき回したら、火を止め、蓋をして蒸らし、ご飯の上にかけてできあがり。

9章／うどん＆パスタ

#01

5~6 7~8 9~11 **12~18**

野菜のパスタ

野菜の煮物やスープの具材を使ってパスタソースに

小麦をクリアすると、レパートリーにショートパスタが仲間入りします。手でつかんで食べられるので、手づかみのいい練習にもなります。パスタソースは鍋に残っている煮物やスープでOK。上に粉チーズをかけると、あら不思議、イタリア料理に！

| 栄養士のひと言 |
離乳食後期ならショートパスタは切らずによく噛んで食べる練習をしましょう。茹でで鶏や魚をプラスしても

作り方

| 材料 | 約2食分 |

- ・野菜スープ（P34）の野菜 　　　大さじ3杯
- ・ショートパスタ 　　　　　　　大さじ6杯
- ・粉チーズ 　　　　　　　　　　少々
- ・オリーブオイル 　　　　　　　少々
- ・塩 　　　　　　　　　　　　　ごくわずか

● ショートパスタを表示より少し長めに、柔らかくなるまで茹でたら、野菜スープの具を細かくカットして塩と混ぜ、上から粉チーズとオリーブオイルをかけてできあがり。通常パスタは塩を入れたお湯で茹でますが、離乳食なので塩は使わずに。娘はP34の野菜スープの汁にシチューやカレーの素を溶かしてとろみをつけたソースが好きです。

#02

| 5〜6 | 7〜8 | 9〜11 | 12〜18 |

白菜のトロトロうどん

スープの味が染みた白菜をトロトロに。ほっとする味

旬になると、白菜って丸ごと安売りしていますよね。娘の食事にも使いまくって、頑張って使い切るようにしています。実は私、二日酔いの時にこれを食べると胃がホッとするんです。

| 栄養士のひと言 |

白菜はカロリーが少ないので豆腐や卵、鶏肉などを合わせて栄養を補いましょう。お通じ改善に役立ちます

作り方

| 材料 | 約2食分

- 白菜　　　　　　　　　2枚
- 魚の出汁（P20）　　　　300ml
- うどん（茹で麺）　　　　1/4パック
- 水溶き片栗粉　　　　　水小さじ2杯：片栗粉小さじ2杯
- 卵　　　　　　　　　　1個
- 塩　　　　　　　　　　ごくわずか

● 鍋に刻んだ白菜と出汁を入れて、白菜が柔らかくなったら、刻んだうどんを投入。出汁が1/3ぐらいになるまで煮込みます。最後に水溶き片栗粉でとろみをつけて、塩と溶き卵を入れたらできあがり。出汁はどんな出汁でもかまいません。大人は刻んだキムチを載せて、ピリ辛で食べてもおいしいですよ！

9章／うどん＆パスタ

#03

5~6 7~8 9~11 12~18

野菜ソースのペンネ

離乳食後期は家族全員で楽しめるメニューを

ほとんど通常食ですね。ただパスタは塩を使わず、柔らかめに茹でて、ソースも茹で野菜と塩とオリーブオイルだけ。きっとイタリア人の赤ちゃんも、このくらいシンプルなパスタを食べているのかも。素朴な味が楽しめます。

| 栄養士のひと言 |

大人と同じメニューの日は塩分と食材の硬さに注意しましょう。塩分控えめのカッテージチーズを加えても

作り方

| 材料 |　　　　　　　　　　　　　約2食分

- にんじん　　　　　　　　　　　　3cm
- ほうれん草　　　　　　　　　　　1株
- 水　　　　　　　　　　　具材がかぶるくらい
- ペンネ（お好みのショートパスタで）　大さじ6杯
- 塩　　　　　　　　　　　　　ごくわずか
- オリーブオイル　　　　　　　　　少々

● 鍋にスライスしたにんじんと水を入れて、にんじんが柔らかくなるまで煮ます。それをハンドミキサーで撹拌し、ペーストを作成。茹でて刻んだほうれん草をプラスして、塩とオリーブオイルで味付けすれば、野菜ソースのできあがり。少々柔らかめに茹でたパスタにかけて、どうぞ。私はこれに小さく切って炒めたチョリソーを加えてピリ辛大人味に。野菜をコンソメスープで煮れば風味豊かになります。粉チーズもオススメ。

#04

5~6　7~8　9~11　12~18

かぼちゃのニョッキ

**もちもち
プルプル。
手づかみで
楽しいご飯**

以前から、ニョッキって離乳食になるなと思っていました。手で食べやすいし、ソースは選ばないし、なんと言っても子供が好きそうなもちもちした歯ごたえは離乳食向きです。今回は娘が好きな甘いかぼちゃでアレンジしました。

| 栄養士のひと言 |

かぼちゃはビタミンACE、ビタミンB群がたっぷり。フォローアップミルクで鉄、カルシウムも強化できます

材料

約2食分

- かぼちゃ　　　　　　100g（皮をとって約80g／P40のかぼちゃで6個分）
- 溶き卵　　　　　　　大さじ1杯
- 小麦粉　　　　　　　大さじ2杯
- フォローアップミルク　大さじ1杯
- 塩　　　　　　　　　ごくわずか

作り方

● かぼちゃは皮をむいて、蒸す、茹でるなどして加熱して柔らかくします。ボウルにすべての材料を入れて混ぜ合わせたら、小さなスプーンですくって、沸かしたお湯に落とします。浮かんできたらできあがり。そのまま食べてもいいし、お好みのソースや茹でた野菜と一緒に召し上がれ。私はこの甘いニョッキに辛いトマトソースをかけるのが大好き！

9章／うどん&パスタ

#5　しらすのショートパスタ

5〜6 7〜8 9〜11 12〜18

茹でたパスタに
しらすをかけた
調理時間2分の
超手抜き飯！

作り方

● 大人が食べてもおいしいです！　茹で時間1分半のショートパスタ(大さじ3杯)に、釜揚げしらす(大さじ1杯)とオリーブオイル少々、お好みでイタリアンパセリを。大人はこれに刻んだ青唐辛子や海苔をかけてサッパリとピリ辛パスタに。(1食分目安)

栄養士のひと言
魚を丸ごと食べられるしらすは、カルシウム補給に◎

#6　魚とほうれん草のうどん

5〜6 7〜8 9〜11 12〜18

片栗粉で
とろみをつけて。
心も体も
温まるうどん

作り方

● 茹でて細かく刻んだほうれん草(1/4株)、加熱してほぐした魚(刺身1切分)、刻んだ茹で麺のうどん(1/4パック)を薄味のめんつゆで煮込んで、水溶き片栗粉(水1:片栗粉1)でとろみをつけました。とろみを強くつけると食べごたえが出ます。茹で麺は、袋の上から4等分にカットし、冷凍しておけばすぐに使えて便利ですよ。(1食分目安)

栄養士のひと言
ほうれん草には貧血対策に働く葉酸や鉄がたっぷり

#7　ほうれん草うどん

5〜6 7〜8 9〜11 12〜18

すべて冷凍保存
しておいた
材料で。あっと
いう間に完成

作り方

● 冷凍しておいた魚の出汁(P20参照)をたっぷり使って、ほうれん草うどんを作りました。ほうれん草はあらかじめ茹でて刻んだものを冷凍。うどん(茹で麺)も袋の上から4等分に切って冷凍。すべて準備済みの材料だから、簡単便利ですね。隠し味にほんの少しのナンプラーを。最後に、水溶き片栗粉(水1:片栗粉1)でとろみをつけてどうぞ。(1食分目安)

栄養士のひと言
うどんはカラダの材料となるタンパク質も含みます

#8　かぼちゃうどん

5〜6　7〜8　9〜11　12〜18

鍋の残りの
汁と具を
使った
煮込みうどん

作り方

● このメニュー、恥ずかしいけど前の晩の残り物活用メニューです。豚しゃぶのお鍋に残っていた白菜を刻んで、薄めた豚しゃぶの汁に、茹でたかぼちゃとうどん（茹で麺1/4パック）を入れて煮込んだだけ。でも、他のママさんだってこうやって離乳食を作ってるはずでは？　豚のエキスたっぷりの汁にめんつゆを1、2滴たらすと、おいしいですよ。(1食分目安)

> **栄養士のひと言**
> めんつゆの代わりに味噌を少し加えてアレンジしても

#9　豚汁ひじきうどん

5〜6　7〜8　9〜11　12〜18

残り物
アレンジは
忙しいママの
強い味方

作り方

● 前の晩に作った豚汁うどんのスープ（お玉1杯）を薄めて、うどん（茹で麺1/4パック）を入れて娘用にしました。食べごたえを出すために、水溶き片栗粉（水1：片栗粉1）で少しとろみをつけています。冷蔵庫に余っていたひじきもトッピング。(1食分目安)

> **栄養士のひと言**
> 豆腐のおかずを添えれば栄養バランスもバッチリです

#10　乱切り野菜うどん

5〜6　7〜8　9〜11　12〜18

おやつの干し
芋も入れて。
具だくさんで
栄養たっぷり

作り方

● 冷蔵庫に余っている野菜を乱切りにして、スーパーなどで売っているうどん（茹で麺1/4パック）と水を鍋に入れます。そこにめんつゆを数滴たらして煮込めば、野菜煮込みうどんのできあがり。写真はにんじんに白菜、トッピングにおやつの残りの干し芋を入れています！(1食分目安)

> **栄養士のひと言**
> 野菜は飲み込みやすいよう短めに切ってあげましょう

75

10章／粉系料理
#01

5〜6　7〜8　9〜11　12〜18

バゲットのフレンチトースト

**一晩漬け込むと
バゲットに
卵液が染みて
おいしくなります**

硬くなったバゲットを使ったフレンチトースト。牛乳の代わりに豆乳とフォローアップミルクを使っています。味の変化をつけたかったら、焼きたてのフレンチトーストの上にとろけるチーズをのせて、温かいうちに小さくカットしてどうぞ。

| 栄養士のひと言 |

バゲットに切り目を入れてバナナをサンドしたり、カルシウムが豊富なきなこを加えるのもオススメです

材料　約3食分

- バゲット　　　　　　　10cm
- 卵　　　　　　　　　　1個
- 豆乳　　　　　　　　　100ml
- フォローアップミルク　大さじ2杯
- サラダ油　　　　　　　少々

作り方

● 卵と豆乳とフォローアップミルクを混ぜ合わせて卵液を作ります。バゲットをお好みのサイズに切り、バットなどに並べて、卵液をかけ、一晩漬け込みます。焼く時は、少しの油で両面しっかり焼いてください。娘はバゲットの固いはじっこが大好き。時間をかけてガジガジかじりつくので、時間かせぎにももってこいです。

#02

| 5~6 | 7~8 | 9~11 | 12~18 |

余り物パンケーキ

冷蔵庫のお掃除パンケーキ。好きなものを刻んで混ぜるだけ

お気に入りのパンケーキミックスを常備しています（P48参照）。あとは卵さえあれば、牛乳がなくても、フォローアップミルクや豆乳、水でも代用できます。具材は冷蔵庫に余っている野菜を刻んだもの。

| 栄養士のひと言 |

果物、野菜の他、豆腐やヨーグルト、きなこを加えても。小さくカットすれば手づかみ食べにもぴったり

作り方

| 材料 | 約3食分 |

- お好みの具材　　　　　　　　　　　適量
  （茹でた千切りキャベツやかぼちゃの皮、パプリカ、にんじん、ひよこ豆など）
- パンケーキミックスかホットケーキミックス　大さじ3杯
- 溶き卵　　　　　　　　　　　　大さじ1杯
- フォローアップミルク　　　　　大さじ2杯
- 豆乳　　　　　　　　　　　　　大さじ3杯
- サラダ油　　　　　　　　　　　少々

● 野菜を1cm角ぐらいにカットして、サラダ油以外の材料を混ぜ合わせます。少しの油で、両面焼いてできあがり。生焼けにならないよう、じっくり弱火で焼いてくださいね。野菜を大きめに切れば、食べごたえも増します。月齢が若かったら、野菜は一度ボイルやソテーして柔らかくなったものを入れてください。肉じゃがのじゃがいもを入れたり、カットバナナを混ぜて焼いてもおいしいですよ。

10章／粉系料理

#03

5~6　7~8　9~11　12~18

お好み焼き

お好み焼き粉を常備。お弁当にも便利な一品

お好み焼き粉を常備しています。パンケーキ同様、前の日の余り物や冷蔵庫にある野菜を刻んでお好み焼きを作り、細かく切って手づかみで食べさせます。お好み焼き粉はもともといろんなものが入っているので、なにもかけなくても、十分おいしいですよ。

| 栄養士のひと言 |
キャベツが甘くて香ばしいお好み焼きは子供にも人気。カルシウムを強化するならしらすを加えても

材料　約3食分

- キャベツ……2枚
- にんじん……3cm
- ニラ……3本
- 鶏ひき肉……大さじ3杯
- お好み焼き粉……野菜にからむ程度
- 卵……1個
- 水……少しずつ入れて生地がゆるすぎない程度に
- サラダ油……少々

作り方

● 火を通りやすくするため、野菜はすべて細かく千切りかみじん切りにしてボウルに。お好み焼き粉をまぶして全体を粉っぽくしたら、ひき肉を入れます。そこに溶き卵を入れて混ぜ合わせ、さらに水を少しずつ入れて生地がぼってりするくらいまでのばします。油をひいたフライパンで両面を焼いてできあがり。ひき肉の量はお好みで。

#04

5〜6 7〜8 9〜11 12〜18

小倉パンケーキ

大人は
焼きたてに
アイスクリームを
のせて！

| 栄養士のひと言 |

あずきはむくみ改善に働くのでママのおやつにも！

作り方

● パンケーキミックスに小倉（P31参照）を入れて分量通りに作るだけ。市販の小倉を使う場合は、メーカーによって粘度が違うので、水分量はそのままに、粉の量を少し減らして作ってみてください。牛乳か豆乳、フォローアップミルクを使うとおいしくできます。

#05

5〜6 7〜8 9〜11 12〜18

ほうれん草パンケーキ

ご飯代わりに
野菜を使った
甘くない
パンケーキ

| 栄養士のひと言 |

アレルギーが気になる場合は米粉100%のものを

作り方

● 1枚分の分量どおりのパンケーキミックスに、茹でて攪拌したほうれん草（大さじ3杯）を入れるだけ。ですが、分量どおりの水分を入れる前に、ほうれん草を入れてから、水分を足してください。ほうれん草は水分が多いので、混ぜながら調整を。牛乳ではなく、水で作ると食事パンっぽくなります。（4食分目安）

お粥　ペースト　スープ　煮物　おかず　サラダ　ハンバーグ　卵料理　うどん＆パスタ　**粉系料理**

79

素材別インデックス

あ

あずき ▸▸ P31,79

アスパラガス ▸▸ P11,37

アボカド ▸▸ P30,51

うどん ▸▸ P71,74,75

エゴマの葉 ▸▸ P7

枝豆 ▸▸ P10,22,51

オートミール ▸▸ P12,13,19

おかひじき ▸▸ P18

おから ▸▸ P12,31,57

Cooking Materials Index

か

かぼちゃ
▶▶ P12,34,38,40,41,73,75,77

カリフラワー
▶▶ P16,45

キドニービーンズ
▶▶ P30

キャベツ
▶▶ P28,36,77,78

きゅうり
▶▶ P27,57,58

餃子の皮
▶▶ P52

クリームチーズ
▶▶ P30,46

玄米
▶▶ P15,18,41

小松菜
▶▶ P16

81

素材別インデックス

さ

昆布	さつまいも	里芋
▶▶P20	▶▶P15,18	▶▶P26

じゃがいも
▶▶P23,26,28,30,34,37,38,53,58,68

春菊
▶▶P13,52

しょうが
▶▶P8,9,52

ショートパスタ
▶▶P70,72,74

食パン
▶▶P10,11,41

しらす
▶▶P74

82

Cooking Materials Index

た

ズッキーニ
▸▸ P13,15,18,19,29,34,36,37,38,68

セロリ
▸▸ P34,37

鯛（白身魚）
▸▸ P6,7,11,13,16,17,18,20,23, 24,26,28,30,55,63,64,74

大根
▸▸ P7,29,34,38,43,44,55

卵
▸▸ P62,64,66,67,68,69,71,73,76,77,78

玉ねぎ
▸▸ P9,34,36,37,64,68

豆乳
▸▸ P10,11,22,53,76,77,79

豆腐
▸▸ P41,43,50,51,55,58,62,63,64,66,67

トマト
▸▸ P42,56,58

83

素材別インデックス

鶏ささみ
▶▶P46

鶏手羽
▶▶P9

鶏ひき肉
▶▶P43,52,62,78

鶏むね肉
▶▶P8,9,46

鶏もも肉
▶▶P69

な

長ねぎ
▶▶P8,9,69

なす
▶▶P29,55

ニラ
▶▶P15,62,78

にんじん
▶▶P12,18,34,42,50,57,62,64,72,75,77,78

Cooking Materials Index

は

海苔	白菜	白米
▶▶ P55	▶▶ P36,52,71,75	▶▶ P6,7,8,9,14,16,17,18,19,35,69

バゲット	バナナ	パプリカ
▶▶ P11,76	▶▶ P41	▶▶ P34,68,77

ハム	ピーマン	ひじき
▶▶ P36,58	▶▶ P7,14,64	▶▶ P9,25,31,35,62,64,75

85

素材別インデックス

ひよこ豆
▶▶ P24,77

豚ひき肉
▶▶ P36,52,62,64

ほうれん草
▶▶ P11,19,46,50,51,54,58,67,72,74,79

ま

マフィン
▶▶ P26

紫芋
▶▶ P58

もやし
▶▶ P19

や

ら

モロヘイヤ
▶▶ P54

ヨーグルト
▶▶ P27,58

ライム
▶▶ P56

Cooking Materials Index

れんこん
▶▶P63

わ

わかめ
▶▶P25

Photo by Yasuyuki Takaki

栗原 友

Kurihara Tomo

料理家。雑誌の連載、料理教室を中心に活動中。築地の鮮魚店に勤務した経験から、魚の料理教室も主催。2014年12月に長女を出産。Instagramではじめたハッシュタグ「＃大人も美味しい離乳食」が評判となり、その楽しさを広めるべく、積極的に離乳食の料理教室やトークショーにも参加。魚屋の夫、長女、猫のダンプと3人＋1匹暮らし

89

Recipes
for
Baby
Food
by
KURITOMO

アートディレクション
岡本一宣

デザイン
鍋田哲平
田嶋 諒
木村友梨香
(oigdc)

撮影
富森浩幸、栗原 友

スタイリング
久保田朋子、栗原 友

栄養士
藤岡 操

クリトモの 大人もおいしい 離乳食

発行日	2016年9月15日 初版第1刷 発行
著者	栗原 友
発行者	久保田 榮一
発行所	株式会社 扶桑社 〒105-8070 東京都港区芝浦1-1-1 浜松町ビルディング
電話	03-6368-8870(編集) 03-6368-8891(郵便室)
URL	www.fusosha.co.jp
印刷・製本	図書印刷株式会社

定価は表紙に表示してあります。造本には十分注意しておりますが、落丁・乱丁(本のページの抜け落ちや順序の間違い)の場合は、小社郵便室宛にお送りください。送料は小社負担でお取り替えいたします(古書店で購入したものについては、お取り替えできません)。なお、本書のコピー、スキャン、デジタル化等の無断複製は著作権法上の例外を除き禁じられています。本書を代行業者等の第三者に依頼してスキャンやデジタル化することは、たとえ個人や家庭内での利用でも著作権法違反です。

©Tomo Kurihara 2016
Printed in Japan
ISBN978-4-594-07489-0